"中国劳模"系列丛书

U0726523

中国劳模

情暖山城的实干家

钟敬英

刘腾飞◎著

吉林出版集团股份有限公司
全国百佳图书出版单位

图书在版编目（ＣＩＰ）数据

情暖山城的实干家：钟敬英 / 刘腾飞著. -- 长春：
吉林出版集团股份有限公司，2024.3
（"中国劳模"系列丛书 / 徐强主编）
ISBN 978-7-5731-4493-5

Ⅰ.①情… Ⅱ.①刘… Ⅲ.①钟敬英－传记 Ⅳ.
①K825.38

中国国家版本馆CIP数据核字（2024）第012195号

QING NUAN SHANCHENG DE SHIGAN JIA: ZHONG JINGYING

情暖山城的实干家：钟敬英

出 版 人	于　强	
主　　编	徐　强	
著　　者	刘腾飞	
组稿统筹	东北师范大学文学院创意写作研究中心	
责任编辑	王丽媛	
助理编辑	张碧芮	
装帧设计	张红霞	

出　　版　吉林出版集团股份有限公司
发　　行　吉林出版集团社科图书有限公司
地　　址　吉林省长春市南关区福祉大路5788号　邮编：130118
印　　刷　唐山富达印务有限公司
电　　话　0431-81629711（总编办）
抖 音 号　吉林出版集团社科图书有限公司　37009026326

开　　本　710 mm×1000 mm　1 / 16
印　　张　8
字　　数　85 千字
版　　次　2024 年 3 月第 1 版
印　　次　2024 年 3 月第 1 次印刷

书　　号　ISBN 978-7-5731-4493-5
定　　价　45.00 元

序　言

　　劳动创造财富，劳动创造幸福，劳动创造未来。习近平总书记在2020年全国劳动模范和先进工作者表彰大会上的讲话中指出："全社会要崇尚劳动、见贤思齐，加大对劳动模范和先进工作者的宣传力度，讲好劳模故事、讲好劳动故事、讲好工匠故事，弘扬劳动最光荣、劳动最崇高、劳动最伟大、劳动最美丽的社会风尚。"当今世界，综合国力的竞争归根到底是科技人才和高素质劳动者的竞争。改革开放以来，我们强大的工人队伍用辛勤的劳动和拼搏奉献的精神推动中国制造、中国智造、中国创造走向世界的前列，新时代的中国面貌日新月异。大力弘扬劳模精神、劳动精神、工匠精神，加强高素质技能人才队伍建设，打造一支宏大的知识型、技能型、创新型劳动者队伍，是伟大时代赋予我们的历史责任。

　　劳动模范是民族的精英、人民的楷模，是共和国的功臣。自改革开放以来，广大职工勇立改革潮头，独立自主，奋发图强，勇于创新，其中涌现出一批批全国劳模和大国工匠。他们参与建设了代表中国高度、中国速度、中国深度的一系列重大工程，提升了国家实力，打造了"中国名片"，树立了"中国品牌"，增添了"中国力量"，充分释放出工人阶级的创新活力，展示出大国工匠的强大创造力。他们以工人阶级的满腔热忱在各自平凡的工作岗位上取得了辉煌的成绩，书写了新时代的壮丽篇章。

爱岗敬业、争创一流、艰苦奋斗、勇于创新、淡泊名利、甘于奉献的劳模精神，崇尚劳动、热爱劳动、辛勤劳动、诚实劳动的劳动精神和执着专注、精益求精、一丝不苟、追求卓越的工匠精神，是广大劳动群众在社会生产实践中锤炼形成的弥足珍贵的精神财富，是工人阶级伟大品格的具体体现，是民族精神和时代精神的生动诠释。民族复兴需要劳动模范，祖国强盛需要大国工匠，中国制造、中国智造、中国创造更需要大国工匠的强有力支撑。劳模、工匠等的成长故事、先进事迹中承载的劳模精神、劳动精神和工匠精神，是激励全国各族人民团结奋斗、勇往直前的强大精神力量。

"中国劳模"系列丛书，采用图文结合的方式，讲述全国劳模、大国工匠和先进工作者们的成长经历及他们追梦、筑梦、圆梦的故事，用他们在平凡岗位上创造不平凡业绩的真实故事感染读者，推动形成劳动最光荣、劳动最崇高、劳动最伟大、劳动最美丽的社会风尚，引导广大技术工人和青少年形成劳动光荣、技能宝贵、创造伟大的观念。

"匠心筑梦，强国有我。"新时代是一个万象更新、生机勃勃的时代，也是一个继往开来、创新创业和建功立业的大时代。希望广大读者能以劳动模范为榜样，以大国工匠为楷模，立志技能报国、技术强国，踔厉奋发，勇毅前行，锤炼思想品格，汲取劳动智慧，勇于担当、勤于钻研、甘于奉献，为推进新型工业化和乡村振兴，为加快建设制造强国、质量强国、航天强国、交通强国、网络强国、数字中国、农业强国，全面建设社会主义现代化国家贡献青春力量。

中华全国总工会副主席（兼）

中国航天科技集团有限公司第一研究院

211厂14车间高凤林班组组长

2022年11月

传主简介

钟敬英，1963年3月31日生，中共党员，吉林省通化市人，现为吉林省通化市正尚丰商贸有限公司党支部书记、董事长。全国劳动模范，全国五一巾帼标兵，全国三八红旗手，全国道德模范提名奖，"中国好人"，全国学雷锋志愿服务"四个100"先进典型，全国五好家庭，通化市工商联副主席，通化市人大常委会常务委员。

钟敬英的父亲是国企退休职工，母亲是家庭主妇，他们养育了子女6人，钟敬英是家中幺女。1979年，16岁的钟敬英中学毕业后当了下乡知青。1981年初，她被招工回城，正式成为一名国企职工，服务企业20年。2001年国企改制，钟敬英无奈下岗。次年，39岁的钟敬英开始创业，创办了正尚丰食品批发部，此为正尚丰商贸有限公司前身。10多年间，钟敬英白手起家，将初时仅有3人的批发部发展成为颇具规模的民营企业。她锐意进取，开拓创新，在经营企业的同时，积极承担社会责任，为通化市的工商业建设、食品安全保障做出了重要贡献。她热心社会公益，关心脱贫攻坚和乡村振兴事业，常奔走在扶贫第一线。于己身立德立业，于社会献心献力，她是当之无愧的人民企业家。

从山村到城市，从下乡知青到国企职工，从国企职工到民营企业家，从民营企业家到人大代表，从人大代表到劳动模范，她一步一个脚印。她是冷静的现实主义者，也是充满激情的理想主义者；她是言出必行的实干家，也是以梦为马的梦想家；她是勇担责任的企业家，也是热心公益的慈善家。她就是全国劳动模范钟敬英。

目　录

第一章　童年小路悠悠长

跋山涉水赴边疆

1960年，山东省潍坊市安丘县（今安丘市）一个小村庄里，钟老大正坐在门口沉默地抽着旱烟，皱纹此刻在眉心拧成了一个结。省里下来政策要修水库，这当然是利国利民的大好事，但他却有几番愁绪。此次水库修建涉及迁村安置，家里本来就不富裕，一年到头的口粮全靠那几亩地。如今要离开生活了几十年的土地，他如割筋断脉，心里的不舍和忐忑怎么都挥不去。

正在他犯愁的当口儿，迎面来了个方脸黑面的汉子，"哥，做啥嘞？"这个汉子不是别人，正是做完农活儿回来的二弟钟子光。钟老大早就想和兄弟商量商量，旱烟吐出的白烟在空中散了又聚，他也沉沉地吐尽了烦心事。钟子光听了大哥的话，没有接茬儿，却提起了另一个话头："哥，现在省里动员青年到边疆参与建设，我正想报名参加嘞。"钟老大一听这话大吃一惊："你要援边？那可不是迁村安置搬几里地，说是跋山涉水也不为过。你可想清楚了？"钟老大为兄弟的草率担心，程度甚至超过了忧心搬迁安置。钟子光有这个念头并不是临时起意，早几年省里就动员他们赴边援疆，那时候他就在心里记下了这事。与其说是正好赶上这个政策，不如说是钟子光在时刻找寻报效祖国的机会。1948年，在那场规模空前的淮海战役里，钟子光是战场上的一个普通民兵，那时他只有22岁，主要负责抬担架。将近两个月的作战经历，钟子光印象最深的就是"跑"，"跑！""跑起来！""跑得再快点儿！"只有这样才能救更多的人。他目睹了无数英勇牺牲的战友，在硝烟与炮火中，他们的血肉和土地生长在了一起。青山处处埋忠骨，他深知这片土地受到了怎样的创伤，也知道活下来的人肩负着怎样的责任。"报效祖国"几个大字早就在他心中扎了根。"我想清楚了。我是当过民兵的人，建设祖国就是我的责任。去东北也就是换个地方，还是在国家的土地上。"钟子光的表情凝重眼神坚毅，"哥，修水库也一样，相信国家，国家是一心为老百姓好的。"钟子光是个不善言辞的人，做的总比说的多，认定的事就坚定立场。钟老大了解弟弟的心思，听了这几句话，不舍和忐忑也烟消云散。"你去吧，哥听你的，相信政策，咱也搬。"钟老大拍拍弟弟的肩膀，拿起农具干活儿去了。

1960年初春，冬末的风虽然还是刺骨，但太阳一照，却带了点儿春天的暖意。伴随着这个小村热火朝天的迁村行动，钟子光也带上妻子儿女踏上了出村的路。妻子李华芳紧紧地跟在丈夫身后，她比丈夫大两岁，虽然不识几个字，但勤劳善良。

1948年，她和钟子光刚结婚，丈夫就要上战场，她知道丈夫此去生死未卜，但还是支持丈夫的决定。丈夫去了战场，她独自担起了家庭的重担。她虽然没读过书，却知道没有国哪有家，丈夫就是在保家卫国。如今来到了和平年代，国家正需要人建设边疆，她毅然紧跟丈夫的脚步。一家人从村子出发，一路颠簸，下了旱路又上水路，跋山涉水来到大连。下了船再坐上火车，火车上除了人还有猪羊。夜晚已至，人和动物都陷入沉睡。夜幕下的东北平原开阔而平展，由大连开往吉林省通化市的绿皮火车正不知疲倦地向北缓行。这一家人不知道的是，在遥远的吉林省通化市，他们不光要住进新家，还将迎来一个可爱的小姑娘。

花儿开在野地上

1963年3月31日，农历三月初七。连续的阴霾被突然升起的太阳驱赶，朝霞铺满了东方的天空。正在单位上班的钟子光接到家里捎来的急信，妻子半夜阵痛，现在快要生了。他向单位请了假，飞速往家赶，迎着3月底略带凉意的朝阳，刚踏进家门，只听一声响亮的啼哭，钟家的第六个孩子——钟子光的幺女降生了。父亲给这个在新家降生的孩子取名敬英，希望她能在这片新的土地上落地开花。

来到通化市的第一年，钟子光一家被安置在现今通化县的英额布镇。钟子光被分配到了奶牛场工作，他没念过多少书，也不善交际，但他能吃苦，人也勤快，很快就适应了新单位的生产建设工作。通化市地处吉林省南部，在平原边界，与白山市相接。虽然吉林省位于广袤平原之上，但通化市却是名副其实的山城。奶牛场在市里，钟家在郊区，交通不便，钟子光想要每天都回家是不可能的。每次上班，钟子光都要提前半天出发才能准时到单位。为了不耽误场里的工作，钟子光一周甚至一个月才回一趟家。一到休假，乘着夜色走在回家的山路上更是常事。钟敬英小时候跟着姐姐们去迎接归家的父亲，月光下，父亲总是背着一捆柴火。父亲常年在外上班，幼时的钟敬英总记得这样的场景：母亲从锅子里捡出热乎乎、金灿灿的煎饼，一张一张地摞成饼垛，包好放在蓝色布包里给父亲背上。她在旁边馋得直盯着锅看，父亲就会从烫手的饼上撕下一块，递到她嘴边。长大后，很多小时候的事都忘了，钟敬英却一直记得这一幕。后来，父亲被调到江东副食商店工作，常常给她讲自己工作时的故事，潜移默化中影响了钟敬英对工作的态度。

在父母的爱护和哥姐的疼爱下，转眼间，钟敬英快快乐乐地长成了一个活泼可爱的小丫头。她长在村子里，爱玩爱闹，总有使不完的力气。她虽然是家里的老幺，却爱和哥哥姐姐比着干活儿，小小年纪就能分担家务了。

"亭亭白桦，悠悠碧空，微微南来风，木兰花开山岗上……" 4月下旬，北国之春姗姗而至。北归的燕子吹响了第一声哨子，沉静的东北大地上，钟敬英一家开始了热火朝天的春种。李华芳带着儿女们早早就来到了田里，翻地、打垄、分种，融融暖阳照软了黑土，也映红了钟家人的脸。挥洒的汗水，芬芳的泥土，脸上的红晕，是这片土地上人民对热爱劳动的表现。父亲虽然在单位上班，成了职工，但他并没有丢下种地的老本行，总说自己是农民的儿子。夫妻俩勤劳能干，两人开了一小片地，每年春天都要种上玉米等作物。钟敬英虽然是家里最小的妹妹，但是也来跟着哥哥姐姐挑水、浇粪。她人小但力气不小，拎不动大水桶，姐姐们就给她准备了小水桶。自家地瓜地前有一小片儿别人家的地，要把水挑到自家地里就要穿过这片儿地。这天，她拎着水桶晃晃荡荡往地里走，走走停停，手里的水桶从左手换到右手，又从右手换回左手，她的脸憋得通红。她站在地头，远远地看见父亲正在低头打垄。父亲曾告诉孩子们，穿过别人家地要踩地边或者田界，绝不能走垄台。钟敬英记得父亲的话，但是这块儿地没有田界可走，如果走地边就要绕很远一段路，地瓜地就在前面，走垄台就能快点儿过去。低下头看着自己被勒出"红印"的手掌，她闷着头假装没看见，一脚就踩上了垄台。把水送到地方，钟敬英换了桶就想往回走。趁父亲还没注意她，跑还来得及。不承想刚要迈步，身后传来了父亲沉沉的声音："英子，你过来。"钟敬英知道大事不妙，她双手攥着衣角，挪着小步低头站在了父亲面前。"你从哪儿来的？从地边过来的？英子，你是不是踩人家垄台了？"父亲的声音非常严肃，钟敬英心里害怕，她知道父亲从不护短，孩子们做错了事就会受惩罚。她急得哭了起来。父亲叹了口气，大手按在钟敬英小小的肩膀上说："你踩了人家垄台，地就变硬了，地硬了还咋出苗？咱们种地，人家也种地，咋能只图自己方便，祸害别人呢？"听了这话，钟敬英哭得更厉害了，这次却不是因为害怕父亲惩罚，而是由衷地感到愧疚。

钟敬英从小长在农村，她深知土地对农民意味着什么。春种一粒粟，秋收万颗子。有土地，才有粮食。那时她年纪小，父亲的一番教诲击中了她幼小的心灵。自此，她对土地常怀敬畏。她忘不了父亲坚定的眼神，更忘不了自己心中深深的愧疚。"诚实敬亮，与人为善"是父亲一直以来的坚持，不能损害他人利益。虽然这只是童年里发生的一件小事，但钟敬英铭记于心，也就是从那时起，诚实善良成了她人格中不可磨灭的底色。

上学风波

小嘛小儿郎，

背着那书包上学堂，

不怕太阳晒，

也不怕那风雨狂，

只怕先生骂我懒哪，

没有学问，

无颜见爹娘。

　　这首由著名音乐家宋扬创作于1944年的儿歌，是钟敬英小学时最常哼唱的。小儿郎上学堂是最平常不过一件事，钟敬英上学堂却并不那么顺利。

　　钟敬英排行老六，是家里最小的孩子。但她的好伙伴刘霞却在家里排行老大，是名副其实的"大姐大"。老刘家有7个闺女，别人戏称她们是"七仙女"。刘霞作为"大仙女"自然而然地承担起了照顾妹妹们的"工作"。在钟敬英的记忆里，刘霞简直"十项全能"，虽然只比自己大一岁，但什么家务活儿都干。刘霞家里妹妹多，父母又忙于活计，钟敬英去找她玩，她不是在架火做饭，就是在担柴挑水。钟敬英虽然佩服自己的伙伴，但也打心眼儿里心疼她。钟敬英常打着找她玩的旗号，时不时地帮她干点活儿。刘霞烧火她递柴，刘霞担水她搭手。光阴匆匆如流水，两个小姐妹边劳动边玩耍，一晃就长到了该上学的年纪。

钟子光和李华芳虽然都没读过多少书，却十分重视孩子们的教育。"知识改变命运""学好知识报效祖国"一直是夫妻俩的共识。早在钟敬英上学的前半年，李华芳就精心为女儿准备好了书包和文具。家里的哥哥姐姐早就上学了，自己还在家当个"闲人"。听他们放学回家讨论在学校发生的趣事，钟敬英十分羡慕。如今终于轮到了自己，她早就和刘霞商量好了，开学要一起报到。时间被追着撵着，终于来到了报到日，俩小伙伴一起找老师登记。然而一登记，钟敬英傻眼了，登记表上居然没有自己的名字。李华芳心里知道原因，钟敬英比刘霞小一岁，还不到上学的年纪。但是女儿日日念叨上学，天天盼望读书，对上学的渴望与日俱增，所以她怀着侥幸心理想让女儿来试试，不承想还是不成。她为自己的侥幸愧疚不已，却只能安慰女儿："还剩一年了，明年咱就能来上学了。"一听这话，钟敬英委屈得要哭。要进教室了，刘霞一步三回头，不舍地捏了捏小伙伴的手。钟敬英就像霜打的茄子，不得不目送小伙伴离开，独自面对愿望落空的现实。

钟敬英失魂落魄地跟着李华芳往回走，走到半路，越想越不甘心，还没进学校大门就要回家？一想到这儿，钟敬英的倔劲儿上来了。她的新书包还背在身上，书包里还装着母亲为她准备的新文具，她连文具盒外面的包装袋都没舍得拆，本想到学校拆开。她要上学，她得试试。钟敬英虽然小，但很有主见，当下就打定了主意。"娘，你先走吧，我上别的地方玩会儿去。"说完，就一溜烟儿跑没影了。回到学校门口，她紧张地攥了攥书包背带，偷偷溜进了学校。一路隐蔽，钟敬英终于找到了刘霞的班级。站在讲台上的郑桂兰老师一眼就看见了在门口犹犹豫豫的钟敬英。以为她是迟到的学生，郑老师温柔地把钟敬英领进了教室，又拖了条长板凳给她坐。钟敬英一在位置上坐定，就看见了朝自己挤眉弄眼的刘霞，俩人相视一笑，总算会合了。钟敬英是自己偷偷来上学的，看着讲台上的郑老师，她实在有点儿心虚。但上课铃声一响，郑老师开始上课，钟敬英就顾不上心虚了，她完全沉浸在了学习的快乐里，为郑老师讲解的知识着迷。

铃声响起，郑老师宣布下课，钟敬英才如梦初醒。一堂课下来，小小少女更加坚定了自己要上学的决心。郑老师刚要出教室，突然被人拽住了衣角，一低头就看见了刚才"迟到"的小同学。她仰着脸，似乎下了极大的决心，"郑老师，我想上学。我是偷偷来上学的，不是迟到。我知道我还不到上学的岁数，但是我一定努力，学得不比别的同学差。老师，我真想上学！"郑老师记得钟敬英，上课的时候她从头到尾全神贯注，还主动回答了好几个问题。"我看见了，你很努力，以后就跟着一块儿上课吧。"郑老师温柔的话安抚了钟敬英紧张的心，她不禁喜笑颜开，手舞足蹈地跑开了。

就这样，1970年的夏末，钟敬英正式成为一名小学生。多年后，钟敬英回到家乡探望自己的恩师，说起年少上学的那段往事，依然满心都是对郑老师的感激。彼时的郑老师已经年迈，却依然能记起小钟敬英仰头看自己的眼神。她从中看到了渴望——一种孩童对知识的渴望，这眼神深深地打动了她。郑老师的宽容接纳，也给了钟敬英莫大的鼓励，让钟敬英明白，只要想学、认真学，知识的大门就永远为你敞开。

红星闪闪放光芒

在学校，钟敬英最喜欢的就是每周五下午张成兰老师的课。

张老师梳着两条辫子，穿一身洗得发白的旧套装，端端正正地站在讲台上，像一棵挺拔的白杨。张老师喜欢讲故事，她先在黑板上写几个大字，转身来到讲桌前，把黑板擦往桌面上一敲，全班瞬间安静下来。紧接着，张老师的故事就开始了。

张老师尤其爱讲抗战故事。故事里的主人公都是一些年纪和钟敬英差不多大的小孩。她讲小兵张嘎、小英雄雨来。讲到放牛娃王二小，王二小只身将敌人引进被包围的山谷，自己却惨死在日军的刺刀下，张老师不自觉地唱起了《歌唱二小放牛郎》："不是他贪玩耍丢了牛，那放牛的孩子王二小。"钟敬英听得入迷，她虽然没见过王二小，但是随着张老师动人的讲述，一幕幕画面已经在她脑中浮现。绿油油的山坡上只剩一头孤零零的老黄牛，不知道主人去了哪里。远处的山谷里，王二小的鲜血染红了青青草地。钟敬英的心中满是敬佩与感动，不知不觉已经泪水涟涟。张老师的一个个故事，在钟敬英心中埋下了红色的种子，正待萌芽开花。

夜半三更哟盼天明，
寒冬腊月哟盼春风。
若要盼得哟红军来，
岭上开遍哟映山红。

1974年下半年，钟敬英上小学五年级。这年有一部电影在10月1日国庆节上映，电影插曲《映山红》传遍了大江南北。影片上映一段时间后，学校组织同学们去市里看电影。得知这个消息，钟敬英特别激动。她知道《映山红》这首歌，也知道电影名字叫《闪闪的红星》，但是镇上条件有限，她从来没看过电影。以前听故事，她总是靠自己在脑子里想象，现在终于能在银幕上看到影像了，这对于痴迷故事的钟敬英来说，无疑是一件令她激动的事。盼啊盼，终于到了看电影的那天，张老师组织同学们排队进电影院。小学生们刚在观众位上坐好，电影院就陷入了一片黑暗，他们为这陡然熄灭的灯光惊呼了一下。突然，眼前的大银幕亮了，电影开始了。来不及感受第一次看电影的新奇，钟敬英很快沉浸在了电影情节中。少年潘冬子的父亲响应号召，参加红军抗击敌军去了，剩下母亲与冬子相依为命。钟敬英不禁想起自己的父亲，父亲参加抗战时她还没出生。父亲参加抗战去了，母亲和姐姐就像冬子和他妈妈一样，在家长久地等待父亲归来。钟敬英的心情随着电影的情节时起时落，为冬子妈妈的死流泪，也为冬子机智勇敢地一次次把敌人耍得团团转鼓掌叫好。电影结尾冬子终于大仇得报，钟敬英的心里燃起万丈豪情。她记得父母和老师的教诲，现在是来之不易的和平年代，她暗自许下诺言，一定要好好学习，像冬子一样报效祖国。

在电影《闪闪的红星》中，《映山红》这首歌出现了两次，第一次出现的时候，妈妈告诉冬子，等山上的映山红开了，爸爸就回来了。第二次出现的时候，妈妈为了掩护乡亲们逃走，英勇就义，"火映红星哟星更亮，血洒红旗哟旗更红"。钟敬英在小学五年级时看了这部电影，很多细节已经不能完全忆起，但电影中的两个出现插曲《映山红》的片段，她现在想起来，依然印象深刻。在她的脑海中，类似的红色记忆不胜枚举，一点一滴的红浸润着她的心田，让红色的种子萌芽开花。

1993年，30岁的钟敬英光荣地加入了中国共产党，距离看这部电影已经过去了近20年。20年光阴荏苒，钟敬英心中的那颗红星始终闪闪发光。在成为党员之前，她一直以党员的标准要求自己；在成为党员之后，她参加红色主题活动，关爱退伍老兵，点点滴滴的行动都践行着童年时的梦想。

我想当个售货员

莫言在他的散文《忘不了吃》中写道："对饥饿的人来说，所有的欢乐都与食物相关。"

钟敬英的母亲李华芳生于1924年，她用一双小脚走出旧时代，走进了新时代。经历过一大家子吃不饱饭的日子，李华芳对饥饿有切身的体会。嫁给钟子光后，她勤俭持家，夫妻二人又都勤劳能干。因为物资匮乏，孩子又多，所以李华芳对待自己能省则省，从不在吃上亏待孩子。母亲有一双巧手，总能把普普通通的粮食，做成各种花样的吃食。钟敬英童年的很多欢乐，都来自食物。在钟敬英的记忆里，母亲对粮食十分珍惜，一颗一粒都不浪费。但只要有人家揭不开锅了，母亲都会慷慨解囊。借粮食一般用斗装，别家往外借粮都是"平的"借出去，"尖的"还回来。母亲借给人粮，从来都是"尖"出"尖"回。受母亲影响，钟敬英不但勤俭节约，敬畏食物，还有了"大庇天下寒士俱欢颜"的愿望。

小学五年级，钟敬英和同学们看完学校组织观看的电影《闪闪的红星》，精神受到了极大鼓舞。从影院出来，另一位带队的孙老师告诉同学们，已经到了中午，来不及回学校吃午饭，同学们可以在老师的带领下去影院旁边的第一商店（通化市第一百货商店）买点儿吃的。柜台里的小吃琳琅满目，缤纷的色彩填满了钟敬英的眼睛。钟敬英以前没去过商店，这是她第一次进商店买东西。像看到阳光透过花窗带来五彩光晕，少年钟敬英的心中产生了一种因"丰富"而生的满足感。衣着整洁的售货员笔直地站在柜台后面，面带微笑，姿态从容。售货员面前有这样多的"宝物"，简直像个坐拥大笔财富的国王。在从未来过商店的钟敬英眼里，售货员就是这些商品的主人，而当上售货员就意味着可以拥有店里所有的新奇商品。来买东西的人不少，穿着体面的市里孩子一张嘴就说了一大串货名，有些钟敬英听都没听过，但她并不羡慕。看着包装精致的各色食物，钟敬英顾不上买解饿的吃食解决午饭，她算计着手里的钱，挑了两样看上去最新奇的东西。一样长得像她见过的大香蕉，外皮是黄的，个头却只比一根手指大点儿，另一样是晶莹的白色薄片，特别好看，她叫不上名字。售货员乐呵呵地告诉她："这叫粉皮。"

回学校的路上，钟敬英想着在第一商店的见闻。她从小长在农村，学校在镇上，一起上学的都是和她年龄相仿的村里孩子，大家吃的东西都是从家里带的那几样。钟敬英心想，自己要是售货员就好了，保准开个最大的商店，让大家都能吃上好东西。钟敬英一边想一边拿出了从店里买的"小香蕉"，刚放进嘴里一咬，就忍不住叫出了声："呸！什么味儿啊？又涩又黏，这也太难吃了！""你不还买别的了吗？再试试那个。"同学指了指她的绿挎包。钟敬英掏出粉皮咬了一口，失望地撇撇嘴，"没有味儿啊！干得咽不下去。看着好看，咋也这么难吃？"同学看着她皱成一团的脸早就乐弯腰了。钟敬英买了两样吃的，全部宣告失败，但她舍不得浪费粮食，还是忍着干涩一口一口吃完了。"香蕉""粉皮"不顶饿，走到一半的路，钟敬英就饿得前胸贴后背，肚子咕咕叫。多亏孙老师掰了自己的面包分给钟敬英，这才让她走出了饥饿的窘境。

多年以后，钟敬英才知道那两样东西为什么难吃。香蕉就算只有拇指大小，也得剥皮才能尝到内里雪白甜软的果肉，粉皮得用冷水泡开做成凉菜才能尝出别样风味。

"快乐的记忆总与食物有关。""食物"是生命的基础，是欢乐诞生的土壤，对饥饿的人来说尤其如此，少年钟敬英对未知和新奇总有一种"饥饿感"。小香蕉和粉皮"生涩"或

"糯糯"的口感，在被钟敬英反复地回味之后，生出了丝丝甘甜，也是钟敬英记忆里的赏心乐事。而去销售那些摆在柜台里作为商品的食物，竟然成为她此后多年的事业。从小学时代到参加工作，十几年过去了，经济发展迅速，儿时生长的小村庄已经成了小有规模的镇子，镇上开了不止一家小卖部。钟敬英不禁感叹："现在的生活真是太好了。"1986年，钟敬英被调到市里的蔬菜副食品商场做售货员，这时，她早已经知道，售货员并不是商品的主人，而商店本就向所有人敞开。这家蔬菜副食品商场的前身就是儿时钟敬英买粉皮的第一商店。兜兜转转，钟敬英仿佛又回到了她第一次逛商店的那个中午。女孩满眼惊奇，透过柜台，看到了斑斓美丽的世界。

"资深"文艺委员

从上小学到毕业，钟敬英一直是班里的文艺委员。

小学一年级的音乐老师叫孙凤琴。孙老师名字里带"琴"，也喜欢弹琴。她教学生唱歌，清脆的童声一响起，钢琴伴奏就像水一样从她指尖流出来。第一堂音乐课，她一下子就从合唱里"听"到了钟敬英。从那天起，钟敬英就与"文艺委员"这个职位结下了不解之缘。

　　小学三年级，来了位新的小孙老师。小孙老师爱看剧，也爱组织学生们演剧。三年级下学期，又有外省群众迁来金厂镇援建。忽然间，学校里多了一班新同学。新同学们长得好看，穿着洋气，听说是从大城市来的。在钟敬英这样的"本地小孩"的认知里，新同学们好像和自己生活在两个世界。为了欢迎新同学们，学校组织文艺演出。小孙老师摩拳擦掌，精心排演了一出话剧《小八路见到了毛主席》。"延河之滨，宝塔山下……"身穿军装的小八路登场了。这第一个登场的小八路就是钟敬英。小孙老师选钟敬英"打头炮"，既是认可钟敬英的"演技"，更是信任她的领导能力。当时小孙老师刚怀孕不久，冬天的东北地冻天寒，小孙老师出门有一定的危险。于是，为了照顾小孙老师，也为了保证话剧质量，文艺委员钟敬英和班长曹子荣一起组织几个扮演主要角色的同学，到小孙老师家里排练。老师家里暖融融的，是孩子们天然的舞台。欢声伴笑语，艺术就像融合剂，把不同的孩子融进同一个氛围里。

　　唱着歌，演着剧，在艺术带来的欢声笑语里，钟敬英升上了初中。年年月月，她始终唱着欢乐的歌。

　　1975年，钟敬英升上了初中，进入金厂镇第20中学读书。初一年级一共有四个班，钟敬英在四班。班主任刘玉兰是一位教农业的女老师。刘老师爽快干练，自我介绍完就直接任命了班委。她在班级里扫视了一圈，直接说："钟敬英，我看你来当文艺委员就挺好。"钟敬英还不知道怎么回事呢，就再一次当上了文艺委员。

钟敬英学唱歌曲《我的祖国》，不是跟带着电流声的录音机学的，也不是跟音乐老师叮咚的钢琴伴奏学的，而是悄悄俯身在教室窗户下，伴着夏季微热的风，一点点"偷师"来的。四班文艺委员是钟敬英，二班的文艺委员是一名新同学。钟敬英第一次听到这首歌，就是在二班教室窗户外。一听这歌，钟敬英就仿佛看到了河上的柔波、船上的白帆、喊号的艄公、两岸的麦田。她喜欢这首歌，又不好意思直接向人家学，两人都是文艺委员，要让她和那位"同行"学唱歌，她总觉得磨不开面子。不能当面学，但是可以悄悄学呀。于是，只要二班教这首歌，她就在窗户外面听，边听边唱边记。几天之后，钟敬英就把这首歌学会了。作为文艺委员，钟敬英不光自己唱，还教会了全班同学。直到现在，每逢同学聚会，一说起钟文委学习这首歌的"光荣历史"，同学们仍忍俊不禁。

到了初二，学校组织大型歌咏比赛。初二（4）班排演的节目收获了一片掌声。作为本班节目优秀的领唱员，钟敬英得到了老师和同学们的一致称赞。比赛之后，钟敬英才知道，学校是为了通过比赛选拔优秀学生担任校广播站播音员。播音员一共有四个，钟敬英就是其中一个。

1978年，钟敬英的家乡金厂镇举办全国滑雪比赛，比赛借用20中学的广播站播报成绩，钟敬英被安排在站里调试设备。当时负责播音的女播音员巧宁有事缺席，情急之下，市里派来了一位男播音员救场。还是少年的钟敬英眉毛浓而弯，眼睛闪闪发亮，精气神十足。知道钟敬英是校广播站播音员，男播音员就让她帮忙播报成绩。如果有当时比赛的现场录像，或许我们能通过模糊的音频听到一个饱满清亮的少女嗓音，这嗓音就是钟敬英的。

可以说，钟敬英的学生时代是在丰富的艺术活动中度过的。她在艺术中收获友谊，在艺术中建立自信，在艺术中感受快乐。钟敬英说："我觉得，你能唱好一首歌，一定是因为你喜欢。"她将情感投入艺术，使娱乐消遣变得严肃真诚。在此后的岁月中，她带着公司的艺术团穿行于乡村，每一个节目，都饱含情感和真诚。

⊙ 1977年，钟敬英在金厂镇第20中学举办的文艺演出中担任报幕员时留影

第二章　青年的站台通远方

拒绝"吃香"的"老姑娘"

　　1979年，16岁的钟敬英从金厂镇第20中学毕业了。同一年，比她大4岁的四姐也从市里的中学毕业了。两姐妹都从学校毕业，这意味着她们长大了，即将参加工作。作为父亲，看到两个女儿长成本该欣慰，钟子光却有些发愁。从1960年来到通化，钟子光就在国营单位上班，他所在的单位部门划分属于商业系统。当时系统内部还保留有"上山下乡"政策，商业系统内部的职工子女毕业后都要"上山下乡"接受贫下中农的再教育。钟敬英的三姐毕业后就去了通化县果松镇万隆村的集体户参加劳动。正巧的是，钟子光不久要退休，如果他退休，他的一个子女就能接他的班。两个闺女一起毕业，摆在钟子光面前的是个两难选择，俩闺女只有一个能接班，另一个就得下乡。李华芳见丈夫这几天愁眉不展，知道他是在忧心儿女，便对钟子光说："手心手背都是肉。往后都得孩子们自己闯，与其你在这瞎琢磨，不如让孩子们自己选。"钟子光悠悠叹了口气。当天晚上，在饭桌上，钟子光夫妇就把这件事告诉了俩女儿。

　　听完父母的话，四姐就说："我下乡吧，我年纪大。英子才16，让她上班去吧！照理老闺女也该吃点香。我去。"

钟敬英却不这么想。一知道父母在为这件事为难，她心里就有数了。她不觉得自己小就该"吃香"，倒是自己年纪小，有更多时间可以用来体验新环境。"我去吧。小咋了？就是因为我小才得让我去。四姐比我大4岁，我在农村待4年也就是四姐现在的年纪。还是让四姐去上班吧。"

夫妻俩一听俩闺女的话，知道俩孩子都在为对方着想。

钟子光欣慰地对钟敬英说："英子，你可得想好了，现在不接我的班，以后就得靠你自己了。"

钟敬英坚定地说："我想好了，就我去。"

钟敬英毅然决然地选择"上山下乡"还有一个很重要的原因：上中学时候正赶上"工业学大庆，农业学大寨"，学校经常组织他们修梯田、除杂草。钟敬英上过不少实践课，日头毒辣、野草扎人，一天下来，班里同学能累趴下一半。这样的活儿只是他们体验的项目，却是老乡们年年月月都在干的。钟敬英想，劳动人民的辛苦，没有长时间的亲身经历，是体会不到的。如果有机会下乡，能切实体会劳动人民的生活，感受劳动人民的苦累，这样的经历在自己的人生中必定弥足珍贵。

就这样，16岁的钟敬英下乡了。赶上好政策，钟敬英被分配到了金厂镇金厂大队金厂一队，也叫刀鞘背。这个生产队离家近，走几步路就能到，中午还能回家吃饭，父母都觉得挺好，钟敬英自己却有点儿不乐意。钟敬英年纪本来就小，又是个圆脸，看着就更小，队里的人都把她当小孩，直接把她分配到了妇女组。组里都是女同志，她有眼力见儿，手脚勤快，见人就笑，又爱叫人，一口一个"姐姐"，直把队里的姐姐姨姨叫得眉开眼笑。大家伙儿都照顾她，钟敬英在队里只干些零活儿，薅薅杂草，种种菜籽，别的事就轮不到她了。农活儿轻松，钟敬英心里却不轻松，她是来接受再教育的，现在的"轻松状态"和她的预期相去甚远。

在妇女组干了几天，钟敬英就主动请缨去壮劳力多的大田组。钟敬英找组长说了自己想到大田组的想法，组长觉得她在胡闹。

见过偷懒的，没见过主动要求受累的。组长一看钟敬英是个十五六岁的小姑娘，当即说："你这不是捣乱吗？这些活儿累，可不是小丫头干的。"

"叔，我不怕累，我们组的活儿干得快，您就让我给其他组帮帮忙吧！"

组长一开始坚决不同意，但是看钟敬英一干完自己的活儿就跑去帮忙，活儿干得有模有样，又被钟敬英磨得没办法，就答应了。

"先说好了，干活儿可以，但千万别累着。没见过你这样找累受的小孩。"

钟敬英忙答应："行！谢谢叔！"

到了大田组，钟敬英对很多农活儿不熟悉，确实有点儿跟不上进度。但是她乐意学，又练得勤，没有老师不喜欢勤快上进的学生，同组的哥哥姐姐都愿意教她。休息时间她也闲不住，这收拾收拾，那拾掇拾掇，忙忙碌碌的日子就随着泥土味的风悠悠而过。

　　四季轮转，风雨时若。又一场飘洒的毛毛雨随着春天落到了土地上。春雨贵如油，金厂一队也开始了新一年的玉米播种。钟敬英被安排去做施肥工作。那个年代农资匮乏，化肥用得少，都是把去年的牛粪晒干了做肥料。钟敬英要用手把牛粪放到播种坑里。小姑娘一般都爱俏更爱干净，同组的大姐姐们怕她下不去手，想要帮她，却被她谢绝了。钟敬英才不嫌牛粪脏："别人能干，我为啥不能干，这正是对我的考验。"她弯腰沿着垄行匀速往前，手上不停，一抓一扔，活儿干得又好又利落。

　　一说起这件事，钟敬英就有点儿小得意："一般人坚持不了，但是我坚持下来了。"千根柳条编成筐，不编不知编筐难。没有亲身经历农活儿的累，就不能体会劳动人民的辛劳。手抓牛粪的场景，钟敬英至今难以忘记。

初入职场责任重

　　1981年初，赶上招工回城的好政策，钟敬英通过选拔，正式成为一名国企职工，由此开始了她近20年的职工生涯。她被分配到胜利副食商店，和父亲一样也在商业系统工作。一样的工作，两代人的事业，冥冥之中，似乎有了一种精神上的传承。刚参加工作，钟敬英心里有点儿激动，又有点儿忐忑。工作，好像让钟敬英倏忽间从一个半大孩子长成了一个大人，如蝶破茧，成长总是惊喜与忐忑并存的旅程。

　　胜利副食商店属于江东副食商店下的供销点，位置在现今（2023年）胜利保健院的斜对面。钟敬英家在郊区，早上到单位的车只有两趟，坐第二趟车会迟到10分钟，坐第一趟车则要早到一个多小时。为了不迟到，钟敬英和单位的一个小伙子刘超都选择坐第一趟车。因此，钟敬英和刘超每天都是最早到单位的。夏日里，中午炎热，早晚冰凉；冬季早上，寒气一吹，睫毛都带霜。单位老员工告诉钟敬英："你这个情况跟主任打个报告，迟到几分钟没事的。"钟敬英却摇摇头，没有应声。在几点到单位的这个问题上，钟敬英显现出一点儿不知变通的倔强。上班之前，父亲就反复和她强调，员工要遵守规章制度。新人钟敬英牢记在心，大家一样来上班，没有自己搞特殊的道理。

　　一日之计在于晨，早到一个多小时总不能闲着，钟敬英不想用"静止"状态迎接新的一天。每天早上一到单位，钟敬英和刘超俩人就一人一把笤帚先把整个营业厅里里外外打扫一遍。扫完地就擦柜台，把柜台玻璃擦得锃亮，再把炉子点上，烧一壶热水，让又冷又空的供销点在清晨变得温暖。管卫生的刘大爷笑着打趣他们俩："你们把我的活儿都干了，我不是要丢了饭碗？"钟敬英摆摆手："那可不是，我们俩才干了早上这点儿。单位这么多活儿，还得等您干！"在胜利副食商店工作了一年半，钟敬英就早来了一年半，如果说劳动可以延长人生，在一个个早到日子里，钟敬英的人生就悄悄延长了一小段。

　　钟敬英的父亲钟子光是江东副食商店的老员工，在商业系统干了大半辈子，他一直兢兢业业、认真负责。钟敬英记得，父亲年龄大了之后，跟商场申请去做打更工作。他后半夜值班，家在金厂子窑地，离单位很远，父亲就骑自行车到单位。每到下雪天，父亲就抢着干头班，好帮有听力障碍的同事关大爷打扫庭院。父亲冒着大雪弓着腰蹬自行车的背影，一直存留在钟敬英的记忆里。现在，钟敬英分配到了父亲单位的下属供销点，钟子光在闺女上班的前几天就给钟敬英做了岗前培训。"上班的时候，手不能揣到兜里。要是碰上熟人来买东西，你不能自己收款。""那要是身边没第二个人呢？""那也不能收，你可以找其他班组的人来。公家的东西，一分一毫都不能占。"父亲不厌其烦地一遍遍嘱咐，钟敬英也听了一遍又一遍。有时候她也疑惑，"真要这么较真吗？"但是当她真正成为供销点的售货员，穿上商店工作服，站在柜台后的时候，当她看到顾客信任的脸，手里接过一张张副食票的时候，她突然就懂得了父亲的执着。

"售货员"三个字，读出来是一个词，写下来是几十笔，但当它落到一个人的身上，就代表着职业所昭示的责任与担当。

1981年，经过员工们集体评选，钟敬英被评为"先进生产者"。一票又一票，同事们把钟敬英送上了领奖台。那一年她只有18岁，这是她参加工作后获得的第一个荣誉。捧着奖状，她越发感受到手上的荣誉沉甸甸的，肩上的责任重大。18岁的年华，钟敬英选择把青春奉献给集体，用劳动给岁月涂上绚烂的颜色。

"枪林弹雨"中的爱人

9月是收获的季节。果农收获甘甜的果实，农民收获金黄的稻谷，钟敬英要在这爽秋里收获爱情。

"呼呼"的哨子声听起来又短又快，伴随着阵阵哨声，民兵们一步一个脚印，大踏步走出有规律的节奏。钟敬英正站在民兵训练营地里。这里是民兵训练营。1981年9月，通化市组织商业系统的全体员工参加为期45天的民兵训练，钟敬英是二期训练营中的一员。班里一共19个人，女同志只有7个，连一半都没占到。刚到营地，训导员就给大家训话："都听好了，你们既然来了就别想糊弄，要对得起来这一趟！"钟子光就是老民兵，钟敬英常听父亲讲部队的故事，心里充满向往。和一些只想来混个结业证的人不一样，钟敬英一开始就是抱着"学习知识，磨炼意志"的目的来的。

9月，暑气未退，钟敬英和战友们趴在地上匍匐前进，扔手榴弹，伏地射击，汗水混合着泥土一起往下流，钟敬英却没喊过一声累。中午下训回营房休息，钟敬英累得直接坐在了地上，训练了一上午，她嗓子都冒烟了。正想找口水喝，门外走进来一个端了一舀子水的大高个儿，"同志，你喝水吗？"刚下训，俩人都灰头土脸，一个坐着，一个站着，面面相觑，都忍不住乐了。9月的秋老虎威力不减，热气呼呼冒，带着熏人欲醉的温度，大面积的红色瞬间爬上了两个年轻人的脸。这个高个儿男同志就是尚景林。一来二去，尚景林佩服这个不怕苦累的姑娘，钟敬英感谢这个热心肠的男孩，两人就这么相识了。

歌声伴哨声，时间踏步过，45天匆匆而逝。都是热情坦荡的年轻人，45天同甘共苦的训练生活让营员们结下了深厚的情谊。拍结业照时，女同志站中间一排，男同志站上下两排，钟敬英的斜后方就是尚景林。这张结业照成了两人的第一张合影。那时候的他们还不知道，往后余生的无数个场景里，两人还会有许许多多的合影。

1982年的冬天，胜利副食商店改制，钟敬英被调到了江东副食商店下的另一个供销点——团结商店。在团结商店，她先是在针织组卖毛线、毛毯、袜子，后来又被调到烟酒组，卖葡萄酒、香烟。销售的商品品种越来越丰富，接待的顾客越来越多，钟敬英遇到的困难也随之增多。从"胜利"到"团结"，作为一名销售货员，她深刻认识到了自身的不足。肆意欢乐的学生生活培养了她优秀的道德品质和敢闯敢拼的精神，但也为钟敬英带来了知识的漏洞，她知道要弥补自身的不足，只能通过不懈地学习。

没过多久，钟敬英就得到了一个重新学习的机会。为了提高职工素质，单位把青年职工公派到通化市财经学校进行为期6个月的进修。求知若渴的钟敬英重新踏进了校园。进入班级的第一天，钟敬英一眼就从人群中看到了一个高个子男生，不是尚景林又是谁？尚景林也一眼看到钟敬英。他笑着说："没想到又见面了，真是缘分。"钟敬英回答："上回是战友，这回是同学，确实是缘分。"战友见面分外亲，钟敬英和尚景林很快就约定要在接下来的学习中相互督促，共同进步。在学校里，数学这门课钟敬英学起来最吃力。她上中学时，全国号召学习龙海五中"农业学大寨"，课都是在田间地头上的。由于基础知识薄弱，钟敬英学起数学非常困难，尤其是解方程，简直就像在看天书。还好她有学伴尚景林，尚景林学过理科知识，人也有耐心，给钟敬英讲题深入浅出，循循善诱。一种方法教不会她，他马上换另一种方法。在尚景林的辅导下，钟敬英成绩突飞猛进。一道道解方程题写在了白纸上，一点点情感积蓄在心里。随着一个个难点被攻破，两人的感情也急速升温。战友情、同学情成了爱情，在寒冷的冬日里温暖浮动。6个月的进修课结业在即，钟敬英通过不懈努力，加上尚景林的强化指导，各个学科都取得了优异成绩，被评选为优秀学员。1983年的秋天，钟敬英和尚景林的影像被端端正正镶嵌在一框纯色的背景里，这一次的照片不再是众人参与的集体照，而是只有两个羞涩但真诚的年轻人。钟敬英和尚景林结婚了。

从战友到同学再到夫妻，是朋友，是爱人，也是亲人，往后十几年风风雨雨，两人携手走过。

⊙ 1981年9月，钟敬英（二排右三）、尚景林（三排右四）在通化市矿
业烟酒公司第二批民兵集训留念

有滋有味的小日子

王尔德说："爱自己是终身浪漫的开始。"那么爱家庭或许就是给这种终身的浪漫上了一份双保险。

1983年，钟敬英和尚景林结婚了。一间房子，两个人；一个温暖的小家，两个热爱生活的灵魂。钟敬英是一个浪漫的人，她热爱艺术，爱听音乐会，自己也愿意唱几句，在家里来来回回走两圈就能开一个自己的独唱音乐会，尚景林就是她忠实的观众。钟敬英不会做饭，尚景林却喜欢做饭，他一个人承包了小家庭的做饭任务。酸甜苦辣咸，东西南北中，一有时间尚景林就琢磨点儿新口味儿，钟敬英总是最捧场的食客。结婚之后，俩人的小日子过得有滋有味，柴米油盐的烟火气里也有淡淡的浪漫。

被蜜糖浸过的时光结出了晶莹的宝石，1985年4月，钟敬英和尚景林的大女儿明明出生了。小明明的到来让全家都沉浸在欢乐中。新手父母带孩子，虽小心翼翼但也难免粗枝大叶，手忙脚乱在所难免，但吵吵闹闹中的三人小家也更加温暖了。

明明出生之后，单位给钟敬英放了产假。钟敬英不会做饭，婚后也一直是擅长做饭的尚景林打理伙食。如今在家照顾小明明，尚景林晚上下班回来还要做全家人的晚饭，钟敬英感动的同时又有点儿不好意思。"女强人"钟敬英即便不在职场，在家也要极力发扬"能干"作风。丈夫上班已经很辛苦，回到家必须吃到现成的热饭。于是，钟敬英决定自己学做饭。钟敬英动手能力强，在做饭上还有自己的小巧思，又有尚景林这么个"大厨"当指导，没过多久就能把饭菜做得像模像样。但是毕竟做饭经验少，有时候饭菜味道实在算不上好，但尚景林从来不批评，一律"打扫"得干干净净。

尚景林在单位上班，钟敬英在家照顾孩子。小明明乖巧懂事，虽然还只是一个小婴儿，但她不爱哭闹，睁开眼就笑眯眯的，要不就老老实实睡觉。明明睡觉时钟敬英也不闲着，打水、劈柴、打扫屋子……要是有家务没做完，明明又醒了，她就把孩子背到背上，边干活儿边哄孩子。钟敬英爱唱歌，"一条大河，波浪宽，风吹稻花香两岸"，钟敬英的歌声轻轻回荡在屋子里，小小的婴儿趴在她的背上"咿咿呀呀"地手舞足蹈。这就是尚景林打开家门时常常能看到的画面。

第一次翻身，第一次会坐，第一次爬行，第一次扶着爸爸妈妈的手站起来，小明明成长得飞快。钟敬英的假期也在小明明能跌跌撞撞向她走来时结束了。重新回到单位，钟敬英又开始了两点一线的工作和生活。钟敬英和尚景林都在商业系统工作，别人下班后的时间正好是他们的忙碌时间，忙到饭点都下不了班是常事。单位同事知道钟敬英家里有孩子，都劝她："你早点走没事，我给你看会儿。"钟敬英却不愿意搞特殊。晚上高峰期正是忙的时候，自己哪能给别人增加负担？孩子不能没人管，工作也

⊙ 1983年，钟敬英和尚景林的结婚照

不能落下，钟敬英只好把小明明送到了娘家。工作上，钟敬英保质保量，雷厉风行，但对女儿，她总有亏欠。想起每次回到家，小明明委屈地叫妈妈的模样，钟敬英就忍不住心里泛酸。

1999年10月，钟敬英的小儿子虹伯出生了。明明那时已经是一个中学生了，当了姐姐的小姑娘有了小大人的模样。每天放学回家明明干的第一件事就是趴在妈妈床边看弟弟，弟弟的脸小小的，头发也少，天天睡觉也不爱动。她一会儿摸摸弟弟的小手，一会儿碰碰小脚，喜欢得不得了。看到明明趴在小小的虹伯旁边挤眉弄眼，钟敬英的心就柔软起来。"妈，弟弟啥时候能长大跟我玩啊？""快了，小孩儿长得都快，你看，一转眼你都这么大了。"

孩提渐长衣袖短，春种秋收又一年。明明和虹伯一天天长大，夫妻二人的结婚照也变成了四人的全家福。钟敬英还是爱在做家务时哼歌，有滋有味的小日子，缓缓流淌成一首浪漫且温暖的诗。

第三章　越过山丘赴新程

四字方针，逆风翻盘

　　时间回到1986年，刚休完产假的钟敬英被调到了市蔬菜副食品商场白酒组。

　　重回职场，钟敬英激情澎湃，信心满满。但是到白酒组的第一天，现实状况就让她傻了眼。白酒组的销售额居然是全公司的倒数第一，这让骨子里要强的钟敬英不能接受。有人劝钟敬英："白酒组多少年了就这样。在这儿干，提成奖金都甭想了。我看你不如少费力气，或者想办法调到别的组得了。"钟敬英没有理会，有困难那就解决困难，还没干就当逃兵绝对不是钟敬英所为。

　　她很快调整好心态，暗下决心，要对白酒组进行改造，不但要让白酒组摆脱现状，还要争取达到销售额第一！目标有了，下一步就是行动。钟敬英首先了解了白酒组的情况。白酒组是商场的老部门，从商场诞生就一直存在。除了白酒组，商场还另外设有烟酒组，主营葡萄酒和香烟。都是卖酒，烟酒组的招牌产品"爽口牌"葡萄酒很受顾客欢迎，销售额甩白酒组几条街。反观白酒组，酒品种类少，将近小半面墙的货架上只摆了稀稀拉拉几样酒，牌子也没名气，顾客不买账情有可原。观察了几天，钟敬英发现，白酒组不是没有拿得出手的酒，而是那些好酒都藏在库房里。"酒香也怕巷子深"，不摆出来永远卖不出去。钟敬英想要让好酒上架，刚把它们从库房里搬出来，同组的销售员金姐就劝她："这样的贵酒，摆在外面要是磕了碰了，你不得赔钱？"说完就把酒又送了回去。金姐在白酒组工作时间久，资历深，钟敬英一想做出改变，她就变着法子劝阻："这样就挺好。""你这样得吃亏。"钟敬英知道金姐是为她好，但是她好了，白酒组好不了，这不是钟敬英想要的。正在钟敬英烦恼怎么劝金姐支持自己的改革时，组里起了一场小风波。

白酒组本来有三个销售员，金姐、崔姐还有钟敬英。崔姐虽然是组长，但是经常不在班上。因为嫁给了从外地到通化下乡的知青，崔姐每年都要跟着丈夫回外地过年。商场的张经理对崔姐年年春节不上班很有意见，忍到这一年终于忍不住了，来找崔姐谈话："你们白酒组平时比较清闲，就在年节时段最忙，你年年春节忙的时候回家，给别人工作造成负担。你总是请假，咱们的工作不好开展啊。"崔姐自觉耽误了商场经营，内心愧疚，自请离职。崔姐辞职了，组里只剩下金姐和钟敬英，金姐以前是纺织工，对商业不在行。张经理考虑之后，决定让年纪小但是有销售经验的钟敬英担任组长。这次人事变动让钟敬英获得了白酒组的调配权，她迫不及待想要大展拳脚。

在一次组长会上，张经理对钟敬英说："白酒组要改革，在其他商店买不到的品种，咱们商场一定要有。要让顾客每次来都满意而归。"这简直是瞌睡送枕头，张经理的想法和钟敬英不谋而合。钟敬英郑重地说："经理放心，保证完成任务！"有了经理的直接指示，金姐也不再一味"劝阻"钟敬英了。钟敬英终于放开了手脚。没过多久，金姐调到了蔬菜组，组里又来了个小姑娘，年纪比钟敬英还小，名字叫吕霞。小吕勤快好问，什么都愿意跟钟敬英学。年轻人脑子活，好办事，两人很快就达成共识，大刀阔斧地制订了白酒组的改造计划。

钟敬英是谨慎的棋手，她知道要想逆风翻盘就得步步为营，谋定而后动。

经过和小吕的一番商量，俩人决定要从"全、新、廉、优"这四个字上下功夫。全，就是批发部有的品种全都要摆在商场白酒柜台上，做到"批有我有"（批发部有的我们也有要）；新，就是要让顾客在白酒组看到别的商场没有的新品种，做到"人无我有"；廉，就是要以合理的价格吸引顾客；优，则是要用"优质的服务、过硬的本领"打动顾客。确定了行动方针，钟敬英和吕霞就迈开了步子。

首先要做到的就是"全"，扩充进货渠道，让新品种源源不断地上架。虽说要种类全、价格优，但不能舍本逐末，放弃品质。两人进货的第一个要求就是"质量不好的不要"。为了进货，钟敬英和吕霞几乎跑遍了市内所有批发商店，在短时间内就将白酒组的商品品种从原来的85种增加到189种，最多的时候甚至有240多种。进货是门学问，进的白酒种类多了，但不是每种酒顾客都能买单。有些品种供不应求，时时售罄；有的品种没人买，只能在库房积灰。为了解决这个问题，钟敬英在原来"求全"的基础上，改进了进货策略，做到"多品种，少数量，勤进，快销"，这样一来，开创了既不积压资金，又不损失商品的双赢局面。

尽管钟敬英和小吕为丰富白酒品类做了很大努力，但有时顾客要的白酒组里还是没有。一天下午，钟敬英接到一个电话，电话那头说："同志，我是前进药厂的，我想买一件儿四川产一滴香酒。不知道有没有？"柜台上还真没卖过这种酒，钟敬英说："不好意思，我们没有这种酒。但您别着急，我先记下来，进到货就联系您。"电话那头一阵感谢。"这是我们应该做的！"钟敬英一边辞谢一边记下了这位药厂同志的地址和电话。

白酒组柜台的角落挂着一个小本子，本子上密密麻麻地记满了酒名，只要顾客要的酒没有，钟敬英就会记下来，想办法采购补货。虽然钟敬英四下打听，但这一滴香白酒还是没进到，钟敬英给这位同志打电话道歉，根据他的需求，又给他推荐了另一种酒。药厂同志深受感动，忙说："没有这种酒也不是你们的错，你们还帮我挑选满意的酒。你们服务这么好，真是太感谢了。"一句感谢，让钟敬英温暖了很久。钟敬英在白酒组工作时期，各种高中低档白酒，上至茅台、五粮液等高档名酒，下至高性价比的二锅头、烧锅酒都很齐全。光是董酒就进了7种，西凤酒最多时柜台在售的有12种。

这么多酒进回来，难道还要堆在库房里吗？有了醇厚美酒，何不让它十里飘香！钟敬英一改金姐保守的销售风格，不论贵贱，把各类好酒都摆上货架。看着原来空空荡荡的货架如今摆满

⊙ 1993年，钟敬英（右）与吕霞所在的蔬菜副食品商场白酒组被评为先进班组时留影

了包装精美、品类丰富的白酒，钟敬英的心中升腾起一阵浓浓的满足感。漫游名山大川，奇诡雄伟的自然风光让人流连忘返；如果有幸走近20世纪80年代的白酒组货架，匠心独具的人工之美也会让你驻足惊叹。阳光从后窗洒向玻璃柜台，如洒进一汪透亮的清潭，潭面映着身穿白色工作服的女销售员微笑的脸。货架上码放整齐的各类白酒排列成美丽的背景。

四字方针，一招制胜。钟敬英凭着对工作的热情和理智的规划，让白酒组的销售额一跃而起，从倒数第一变成全商场正数第二，钟敬英当初的"空想"变成了现实。"言必信，行必果"，钟敬英的成功诀窍正在于此。制订计划是为了完成计划，在一步步接近目标的过程中，目标本身也正在向她走来。

1993年，钟敬英所在的白酒组被评为商场的先进班组。钟敬英也被评为先进生产者。至此，白酒组终于重整旗鼓，以全新的姿态迎接山城百姓。

良心不兑水

白酒组改革成功，优质的商品和贴心的服务让顾客宾至如归。一传十，十传百，积露为波，终成江河。蔬菜副食品商场的白酒柜台已经成了山城人买白酒的首选地。

1989年的大年二十九，一位老大爷来到蔬菜副食品商场。他穿着厚棉袄，黝黑的脸已经冻出了两团红晕。春节是白酒行业的重要销售期，钟敬英和吕霞忙得脚不沾地，柜台前的人挤挤挨挨。钟敬英眼尖，一眼就看到了人群外围的老大爷。她注意到老人家已经在离白酒柜台不远的地方来来回回转悠了好几圈，想要过来又被人群挤了出去。钟敬英忙从柜台里挤出来，一把扶住了老大爷。主动问："大爷，您要买什么酒啊？"

大爷有点儿不好意思说："姑娘，有茅台吗？俺这么大岁数还没见过茅台长什么样呢。"

钟敬英一听，乐呵呵地说："有，就在柜台这呢。"

大爷更不好意思了，说道："俺不买，你拿给俺看看行吗？"

钟敬英拨开人群，请大爷站在柜台前。她从柜台上拿了两种茅台，热情地向大爷介绍两种茅台的特点。大爷边听边点头，他轻轻抚摸茅台酒的瓶身，就像在抚摸一件宝贝，眼睛笑得眯成了一条缝。这件事之后，大爷经常来买散装白酒。来的次数多了，钟敬英就和大爷熟了。聊天的时候才知道，大爷家住在宾馆山上，每次来买酒都要走很远的山路。钟敬英问大爷："您怎么来这么远买东西？"大爷说："别的地方卖的酒味儿不好，就你们这儿的酒好喝，价钱也公道。"钟敬英听了之后心里酸酸的，一时不知道该怎么感谢他。老人家的信任让钟敬英感到欣慰，他宁可舍近求远也要来这里买酒，不就是对自己工作的最大认可吗？

钟敬英卖白酒，从来都是实打实地卖"纯酒"。高档白酒利润不低，可还是有人兑水卖，从中牟取暴利。好多人说她傻，"卖酒不兑水，真是有钱都不会赚。"钟敬英一笑，对这种言论不能认同。"酒能兑水，良心能兑水吗？"钟敬英说，"卖东西，一个诚信，一个良心，一个责任心，一样做不到都不行。"她对白酒品质的把控也是对自己良心的把控，将心比心，或许身份不同，但人心相通。

每当看见年纪大的人来买酒，钟敬英总会想到自己的父亲。她忍不住想，父亲年纪也大了，要是父亲去商店买东西，售货员是不是对他也能多一些耐心。

这样的事还有不少。1990年5月的一天，下班铃声一响，同事们鱼贯拥出商店。站了一天，腰酸腿软，大家脚步不自觉加快，匆匆往大门口走。钟敬英刚走出柜台不远，就看到一位大爷气喘吁吁地跑上楼。大爷一见钟敬英，长出一口气，脸上一喜，说道："同志，得亏你还没走。我要买20瓶瑞祥酒，儿子明天结婚急用，能不能卖给我？"看着老人家近乎哀求的目光，钟敬英忙说："当然能卖，您跟我来库房取，我给您搬出去。"老大爷要帮忙抬酒，钟敬英不让，她的腿发胀泛酸，搬着白酒迈一步都打战。但她还是坚持从库房里搬出了20瓶酒，放在了大爷的推车里。大爷感动极了，从那之后，逢人就讲蔬菜副食品商场服务好。

在钟敬英心里，售货员卖的既是商品，也是自己的诚心。当了这么长时间售货员，钟敬英一直在思考一个问题：什么时候能从自己的工作里得到成就感？这种时刻有很多，白酒组营业额第二的时候，她自己获得先进生产者奖励的时候，这些都是她职业生涯中的高光时刻，但是当她走下奖台，看见顾客脸上的微笑，才真正找到这个问题的答案。

荣誉的背面

1988年，钟敬英25岁，她独自远行，目的地是北京。到北京不能不登长城，远望长城，如青山上盘桓的巨龙。站在长城上，抚摸一块块青色的巨大砖石，钟敬英不能想象，这"前不见头、后不见尾"的建筑背后，凝聚了多少劳动人民的智慧与汗水。万里长城万里长，钟敬英一步一步丈量着她所走过的长城的长度。"不到长城非好汉"，站在毛主席题字的刻碑旁，钟敬英带着崇敬与惊叹，留下了与这座伟大建筑的合影。钟敬英时时感叹，人生中许多艰苦的劳动过程，正如修建长城，每每翻看这张照片，除了会想到登上长城时所见的秀丽风光，还总能想起一些"垒青砖"一样的劳动过程。

1989年11月30日，业务技术表演赛开始前5分钟，钟敬英正坐在选手等待席上做赛前准备。她的手心渗出了一层薄薄的汗水，脑子里飘过各种思绪，拇指和食指下意识地一遍遍打开又合上。比赛内容是捆扎瓶装酒，参赛的都是各商场选拔出的技术优秀员工，赛程进行得很快，手指翻飞之间一个回合就过去了。上一组的比赛还剩下最后一步，叮的一声，该组最后一名选手把捆扎好的瓶装酒稳稳地放在了桌上，这一组比赛结束。裁判计时，

⊙ 1988年，钟敬英第一次登上北京八达岭长城留影

收拾干净桌面，摆上新的瓶装酒和捆扎纸绳，一切准备妥当，钟敬英所在组的比赛开始了。"3、2、1"裁判倒计时声音刚落，钟敬英的手指就像被施了魔法，快速跳动起来，捏、抻、捆、系、拽，最后再打出一个漂亮的绳结，不到30秒，钟敬英完成了不同规格的瓶酒捆扎。绳结拎头的长度完全符合标准，拎起捆扎好的瓶装酒上下左右使劲晃动，酒瓶纹丝不动。30秒，本次比赛的最好成绩，无疑，这次全商业系统业务技术表演赛的冠军产生了！

捧着第一名的奖状，钟敬英心中虽然有激动，但是更多的是平静与安心。这并不是她第一次参加技术表演赛。技术表演赛是整个商业系统的技能展示大赛，年年都有，甚至一年两次，举办得很频繁。与这次比赛的大获全胜不一样，上一次参加比赛，钟敬英几乎是落荒而逃。

上次比赛时，钟敬英还是刚来白酒组的新人，那时她所在的蔬菜副食品商场也才刚成立没多久。新商场刚一组建，钟敬英就被调到了白酒组工作。那次比赛，钟敬英临危受命，在与各个老单位优秀选手的比拼中，她的成绩并不好。比赛结束，推着自行车从赛场回家，钟敬英忍不住边走边掉眼泪。让她难受的并不是"不好看"的成绩，而是自己在本职工作上的失败。"捆扎瓶装酒"是每个酒产品售货员的必备技能，酒瓶都捆不好，难道不是一种工作能力的欠缺？比赛失利的傍晚，风又干又冷，钟敬英带着失落的情绪回到了家。丈夫尚景林已经准备好了一桌热腾腾的饭菜，还摆上了一瓶葡萄酒。他也是商业系统的员工，下班之前就在单位得知了钟敬英的比赛成绩。他知道钟敬英性格要强，怕她成绩差心里不好受。尚景林嘴笨不会说话，这一桌饭菜就是他对妻子的安慰。女儿明明也噔噔噔跑到妈妈身边，拉起妈妈的手，让妈妈赶紧吃饭。女儿的小手软软的，饭菜的烟火气让钟敬英的心里十分熨帖，家人的陪伴与无声的安慰使钟敬英的情绪慢慢平复。

把几个瓶子用绳子捆在一起，听起来简单做起来却很难。现实中顾客来买东西，并不会只买一种规格的酒。酒的种类多种多样，酒瓶的规格也不同，圆的、方的、高的、矮的，要把各种形状的酒瓶稳稳地捆在一起，还要做到捆扎耗时短、绳结美观，酒瓶间不磕碰、不散开，就需要售货员精准把握不同规格酒瓶的特点，在一次次练习中锻炼手感，熟能生巧，直到形成一种肌肉记忆，才能在短时间内完成结实美观的酒瓶捆扎。钟敬英参加的比赛叫业务技术表演赛，"表演"这两个字仿佛天生就让这场比赛拥有"求美"的属性。捆扎瓶装酒是一份工作，但当对一份工作产生美的追求时，那劳动就会变成一种令人愉快的艺术。钟敬英知道，罗马不是一天建成的，同时把握技巧与美观的平衡也不是一日之功。"勤能补拙是良训，一分辛苦一分才。"第二天上班，钟敬英就趁午休时间练习捆扎瓶装酒。练习可以容错，但在现实工作中，钟敬英必须做到捆扎牢固。一次次的练习，磨断的纸绳子攒了无数把，各种规格的瓶子也在钟敬英的手下过了多少遭，她完成了手与酒瓶的和谐舞蹈，直到迎来又一届业务技术表演赛。

东流逝水，时光匆匆。一年年过去，钟敬英获得的荣誉慢慢积攒成了她奋斗的证据。"捆扎瓶装酒第一名"或许只是这些

"证据"中极小的一个，却让钟敬英难以忘却。每一个荣誉的背后无不是努力与汗水，无不是奋斗与坚持。她曾见过巍峨的长城，那是令人惊叹的伟大奇迹，她的心里也有一座小小的长城，每一块青砖都承载着奋斗的重量。

别样的春节

1990年1月23日，这天是腊月二十七，距离春节还有3天。

天刚蒙蒙亮，蔬菜副食品商场就如合闸的机器，轰轰隆隆运转起来。机器运转拉动齿轮发力，钟敬英所在的白酒组也在紧张地忙碌着。白酒组柜台长13米，售货员有2个，从钟敬英的视角看，排队的人一个挨一个，挤成了一堵13米长的人墙，长度扩无可扩，而这堵墙的厚度还在不断增加。春节期间，白酒组一天的销量有300多箱。这300多箱白酒要分批次从后院仓库搬到营业室，进了一楼再上楼梯，搬到二楼柜台，来来回回，循环往复，这样的劳动量就连壮小伙子也吃不消。摆上柜台的白酒，不管什么牌子，一眨眼就卖没了。为了保证供货量，让顾客能在春节前买到称心如意的商品，钟敬英和吕霞天不亮就要来到商场，用手推车把酒从后院仓库推到营业室，再一箱箱从一楼搬到二楼柜台。

北方的冬日凌晨，月亮已经落下去了，天空中一丝亮也没有，仓库里没有灯，又冷又吓人。钟敬英和吕霞拿着从家里带的手电筒，一个人推车，一个人扶着箱子打着手电筒。推车里酒箱子摞得很高，几乎挡住视线，小推车承受不住压力，吱吱嘎嘎响，人走一步，车晃一下。俩人就这么把300多箱酒搬进柜台。搬到最后，手都握不住东西，颤颤发疼。身上虽然累，但供货有了保障，俩人心里都一阵松快。

腊月二十八，距离春节还有两天。

小吕的爱人送来了喷香的饭菜，钟敬英和吕霞肚子饿得咕咕叫，但是她们俩连看一眼饭菜的时间都没有。顾客看着不忍心，直说："歇一会儿吧！""快喝口水！""吃口饭吧！我们不着急。"钟敬英的腿又酸又麻，说话说得口干舌燥，嗓子直冒烟。真想坐下来休息会儿，但是望着这些等待置办年货的顾客，钟敬英和吕霞谁都没停下来。

小吕的爱人见不能帮着卖货，就自己找来辆车子，一连推了三车货。这一天，即便有小吕爱人的帮忙，钟敬英和吕霞还是来不及吃上一口热乎的饭菜，没顾上喝几口热水，连去厕所都得俩人换着班去。忙碌的一天在吵吵嚷嚷中过去，钟敬英似乎已经闻到了山城百姓家年夜饭桌上的酒香。

腊月二十九，距离春节还有一天。

晚上8点多，钟敬英走在下班回家的路上。马路空旷，街上行人已寥寥无几。这天是除夕前夜，看着万家灯火，听到鞭炮声声，一番难言的滋味涌上她的心头。丈夫也在商业系统上班，俩人一个比一个忙。夫妻俩前后脚踏进家门，冷屋冷灶，静悄悄的屋子和热闹的街道形成鲜明的对比。小小的明明抱着妈妈的腿，脸上挂满泪水："妈妈，都快过年了，你咋这么晚才回家呀？"钟敬英想到自己平时上班忙，接孩子总是最后一个到，明明总会抱紧她，一迭声问她："妈妈，你明天早点儿来接我行吗？我天天都是最后一个呀。"到了春节，阖家团圆的日子，她还是不能陪伴女儿。她能说什么呢？她的心浸在了女儿的眼泪里。

腊月三十，这天是除夕。

张经理向所有员工致春节贺词："同志们，你们辛苦了！我感谢你们完成了任务，这些与家属的支持分不开。替我向你们的家属表示感谢。"每年春节前后，万家团圆之际，商业系统都高负荷运转。高速运转的商场，离不开每一颗辛勤的"螺丝钉"，钟敬英为自己是众多"螺丝钉"中的一员而骄傲。

"晰晰燎火光，氲氲腊酒香。嗤嗤童稚戏，迢迢岁夜长。"忙碌了一整年的钟敬英终于坐在了温暖的小家里。女儿窝在她怀里，叽叽喳喳有说不完的话。丈夫系上围裙，承担了大厨工作。三口之家，暖意融融。年夜饭，摆新酒，钟敬英端起酒杯也喝了一口，想到小城里的家庭，都能同饮这杯酒，她一年的疲惫已被抚平。

爆竹声中一岁除，除夕在氲氲的酒香里过去。大年初一，钟敬英就回到单位上班了。她身上发冷，嗓子冒烟，这是身体在向她发出生病的信号，但她还是在单位坚持了一整天。小吕劝她回家，她却说："又开始忙了，我回去，你不更忙？"一天结束，钟敬英彻底病倒了，第二天再也坚持不住了。

1990年上半年，白酒组超额完成了商场下达的半年销售任务，完成全年任务的85%，比1989年同期增长了50%。一个个数字背后，是钟敬英和同事持之以恒的努力。

钟敬英说："当我回顾这一切的时候，我深深地认识到，商场是社会的窗口，它不仅连接着千家万户，还关系党和国家的声誉，关系文明建设的程度。我一个普普通通的售货员，能为社会服务，能尽量做点儿贡献，我就很满足。"

"虚心竹有低头叶，傲骨梅无仰面花。"钟敬英把自己的成绩归功于同事、顾客、家人、社会。傲人的成绩并没有让钟敬英陷入骄傲自满，她反而如一株饱满的麦穗，谦虚地低下了头。

1997年，钟敬英因为高负荷的劳动再加上长期站立，患上了严重的腰椎间盘突出症，最严重的时候不能下地走路。她深知商场正是发展的关键时期，自己不应该在这个关头退下来。她试着边理疗边上班，但是康复的速度赶不上腰椎劳损的速度。憋着一股劲一直不肯弯腰的钟敬英还是倒在了工作岗位上，那一刻一向坚强的她甚至也在一瞬间担心自己还能不能站起来。或许1990年春节的那场病就已经发出了某种信号，疾病重压之下，钟敬英含泪挥别职场，向单位申请休假。钟敬英的白酒销售生涯似乎告一段落。赋闲在家，终日无事，钟敬英开始思考人生。在缓慢如水的日子里，她沉淀成了河底的鹅卵石，有了一种圆润但坚硬的质地。回顾自己近十年的白酒销售生涯，她在心中萌生了一个大胆的想法……

第四章　田野里的拾麦者

再回"场"我心依旧

20世纪90年代，改革开放的春风已吹遍中国大地。

像鱼儿在暴雨前会突然警觉一样，钟敬英对正在刮起的时代飓风似乎也有了某种敏锐的感知。十几年兢兢业业的白酒营销工作锻炼了钟敬英的工作能力，出色的服务和傲人的工作成绩使得钟敬英在通化市的白酒销售界小有名气。1997年，钟敬英因腰椎间盘突出症申请休假，休假期间，有多家私营酒行向她抛出橄榄枝，其中有一家名品酒专卖店对钟敬英分外执着，给出了"工作时间自由，随时可以回家"的优越条件，专卖店经理甚至亲自来请她做一款名牌酒的代理。说不心动是不可能的，但钟敬英还是以身体太差、不能工作为由婉拒了。在白酒行业工作了十几年，这段经历让钟敬英对酒产生了某种莫名的情感。"我非常喜欢酒，对酒有感情。"文人骚客的"斗酒诗百篇"写的是酒，食神老饕的"樽中酒不空"写的是酒，侠客浪子的"长剑一杯酒"写的还是酒。对于那时的钟敬英来说，酒是她的事业。在商业系统工作了十几年，钟敬英一直做销售员，休假让她暂时脱离了繁忙的工作状态，她拒绝了多家酒行抛出的橄榄枝，是因为她心中隐隐萌生了一个想法，一个自己当老板的想法。钟敬英心中最理想的打算是，如果休假结束，单位的工作她还是不能胜任，就开一个属于自己的白酒行，她连酒行名字都起好了。

然而，相逢与错过是潜底的暗礁，命运总会在不经意间改变流向。2001年，钟敬英的休假终于结束了。她踌躇满志踏出家门，在这段人生中相对静止的时间里，外面的世界已经发生了翻天覆地的变化。仿佛一夜之间，大大小小的商店雨后春笋般冒了出来，酒已经遍地都是。钟敬英起的酒行名字一时间没了用场，她的酒行开不成了。商场如战场，兵贵神速，她已经失去了先机。她开始反思自己，休假这几年社会的变化这么大，她对外面的信息确实太过忽略。她引以为傲的执行力也因为病痛而丧失，有了想法却不行动，错失这次机会是必然的。深刻反思后，钟敬英并没有挫败感，她的面庞柔和舒展，眼神却如磐石般沉静坚定。尽管命运之海暗流涌动，时代浪潮滚滚向前，站在甲板上的钟敬英却始终踏着稳健的步伐前进着。

人不能闲着，闲着就容易出问题。钟敬英是一个闲不住的人，小时候在家闲不住早早地就要上学；下乡插队时闲不住，休息时间也要找农活儿干。她的身上好像有某种不安分的"基因"，病痛让她在家里受尽了"被清闲"的折磨，身体里的那头野兽早已躁动不安，那是一种喷薄的生命力。本来她计划开酒行，但已经错失良机，而重返职场依然是钟敬英当下必须迈出的重要一步。休病假的这段时间，不只是外面翻了个天，国企内部也有了重大调整，很多老同事纷纷离职开始创业。经过对"酒行事件"的深刻反思，钟敬英意识到自己的经验依然不足以把握时代的脉搏，她还需要拓宽认知，武装自己，等待时机。原来的单位拆迁了，自己的年纪也大了，领导也都有了变化。钟敬英曾经工作的副食品商场已经迁到新址，原址上建起了新的超市。站在新超市门口，钟敬英看见营业员正迎来送往招待顾客，人们从她身边匆匆走过，一瞬间，她有点儿迷茫。好在，迷茫只在转瞬，钟敬英从来不会怨天尤人，她相信，自己之前的工作成绩不错，工作认真负责从不含糊，既然企业没有在她休假期间辞退她，那就一定还有需要她的理由。

果然，正在钟敬英办好手续等待回公司的当口，她接到了一纸调令。钟敬英被委派到了蔬菜副食商场的批发部。重回职场的第一步已经迈出去了，面对新的工作环境，钟敬英心里的那股热流正涌动着。

临危受命的"钟经理"

钟敬英休假期间，通化市的蔬菜副食品商场也刚刚经历国企改制的阵痛，企业自身和职工们都亲身经历了这场阵痛。

刚回到蔬菜副食品商场，钟敬英接手的第一个任务就是将商场新进的一批品牌方便面推销到下面的各级销售点。钟敬英本来的工作是白酒销售，身前是擦得锃亮的玻璃柜台，背后是整齐码放着精装白酒的红木货架，面对的多是自愿上门的消费者。两项工作虽然都与销售相关，但真干起来却完全不是一回事。推销方便面得主动上门，背着货在各个销售点跑是常有的事，面对的买家是小超市、小卖部的老板。销售方便面的利润和白酒相比更是天差地别。钟敬英要推销的这款方便面又是新产品，想要在市场中占得一席之地谈何容易。刚接手这项工作时，她是不太适应的。工作内容的差异显而易见，但新工作带来的困难并没有吓倒钟敬英。在实干家面前，解决困难仅仅是时间问题。

从前坐班时，钟敬英就经常晚下班，现在常跑外勤，虽然时间上灵活了，但她每天依然早出晚归——白天追赶着太阳上街，晚上回家已经繁星漫天。一天夜里，天幕黑而低沉，连星星都被裹在厚厚的云里，紧跟着，大片雪花就飘飘悠悠地落了下来。钟敬英突然接到家里电话，听筒那边是儿子虹伯撕心裂肺的哭声，孩子三姨一边安慰孩子一边断断续续地说："你快回来吧，孩子想你啦！拍着大门要出去找你。"雪越下越大，冒着夜风冷雪，她深一脚浅一脚地跑回家。当看到儿子的那一刻，她的心也像被冻伤了一样。孩子一叫妈，她的眼泪就跟着掉。进了屋，儿子紧紧抱着她的腿不愿意放开，抬起头委屈的小脸上满是眼泪。她一低头，看见孩子哭得通红的小脸，一把抱起小儿子，一下一下轻抚他的后背。妈妈的手掌温暖，小虹伯在妈妈怀中慢慢睡着了。屋里热气氤氲，与室外的寒冷对比鲜明，望着窗外飘落的雪花，钟敬英的心却渐渐坚定。下过雪后的几天格外冷，钟敬英没有因此懈怠，她还是早出晚归，一如往常上街跑销路。她刚接手这份工作，经验需要慢慢积累。她没有好高骛远一门心思盯着规模大的商店，而是大店小店都不放过。一开始她还不好意思向店主推销，如果遇上态度强硬的店主，她能被几句话噎得红了眼圈。但能力是练出来的，就像反复锻炼身体可以锻造钢铁般的体魄一样，反复练习交际能力则能锻造出一颗强大的心脏。那款方便面质量优秀，口味儿上乘，只要自己态度端正，让店主们了解到商品的优点，了解到自己的诚意，她就不怕推销不出去。推销是买卖双方的交流，语言是这类交流最重要的桥梁。"销售语言"不只是说有声的话，销售人员的精气神、态度都是"销售语言"的一部分。再去跑销路时，钟敬英特别注意自己的话术。怎么说能让店主更容易接受？他们更关注商品的哪方面特点？带着问题做工作的同时，钟敬英不断改进、完善自己的推销话术。

钟敬英推销的方便面从被强硬拒绝到被热情接纳，用了大概一个月。街道、社区的商店陆陆续续上架了这款方便面。短时间铺开商品销路，钟敬英没有技术性极强的营销策略，她的"策略"是简单而直接的，一是勤奋，二是诚信。这段时间常和小超市、小卖部的老板打交道，钟敬英深深体会到了个体经营户的不易，"小成本、小摊子、小利润"，买卖虽小却直接关乎老百姓生活。要想存活下去又对得起自己的良心，保证货物品质就是最重要的事，诚信的供应商才能真正打动买家。食品行业是良心行业，面对这些客户的谨慎，钟敬英怀以理解之心，用诚信回馈。

一个月为一款新方便面铺开销路，钟敬英初回职场的"第一炮"打响了，同事们都看到了她负责的工作态度和突出的工作能力。正所谓"能力越大，责任越大"，这"第一炮"不仅是她重回事业之途的礼炮，也是迈向下一程的誓师号角。不过她没想到等待她的，是新的人事任命。

工作了一段时间，钟敬英对改制后的新商场已经有了基本了解，对批发部的情况也并非一无所知，却想也没想就答应下来："行，我来干干试试。"她的回答谦虚随意，但没有人怀疑她的决心。当年刚被调到白酒组，钟敬英就面临着白酒组全商场销售额倒数第一的尴尬局面。如今，历史仿佛重演，但钟敬英却比年轻时更加沉稳，如临阵老将，自有一番精干风范。从参加工作到如今重返职场，钟敬英一直坚信，困难虽然多，但解决问题的办法更多，"事在人为"是她一直笃信的人生信条。作为一家以经营蔬菜副食为主的国营企业，批发部是整个系统的核心部门，上游对接货源供应商，下游负责本商场和各个私营商店的货品供给。经济放开了，食品行业中各类私企如雨后春笋般出现，国企不再以绝对的优势完全占据市场，而要与众多私企一起迎接市场经济带来的机遇与挑战。在钟敬英看来，企业整体改制，各项举措需要落到实处，在自上而下的企业自我革新中，处于下游的各个部门尤其关键。批发部要改变以往的经营策略，不论是出于保障居民生活食品供给多样性的目的，还是从商场长远发展的角度考虑，批发部需要打开市场，广泛开拓商品销售渠道。

"打开市场"这四个字人人皆知其意，但并非人人都能将其落实。钟敬英站在批发部库房内，透过狭小的排气窗口，阳光直愣愣地照射在水泥地上，就这一点点光，整个库房就不至于陷入黑暗。钟敬英想到不久前，库房外面停着排成长龙的货车，站在附近说话都要用喊的，那可真是一派热火朝天的景象。她在这里工作了十几年，有丰富的工作经验，也接触过形形色色的消费者、供货商，她知道他们需要什么。同时，蔬菜副食品商场与其他商场最大的不同之处就是它有国企身份，国企名片代表着过硬的质量、极高的信誉度和强大的号召力。作为部门经理，她要做的是"利用好这张名片，对得起这张名片"。

依照钟敬英的设想，批发部终于按下了重启键，曾有一段时间，部门只接受品质极佳的国企供货商，钟敬英以苛刻的目光"扫描"入库的货品，在品质上严格把关；以开放的心态接纳新兴的各类优质商品，在选品上扩大品类范围。如果说大批发商场是一汪水潭，上游供货商是水的来源，那么其周边广泛分布着的卖场、超市、小卖店等大大小小的销售点，就是下游的万千支流，要让水流起来，大大小小的企业才能活起来。推销方便面的工作给了钟敬英启示，也给了钟敬英一种坚定的信心，她信任自己的成功履历，更相信"良心与诚信"。"良心与诚信"才是食品行业永不褪色的金字招牌。

为民保供冲一线

人们热爱阳光，钟爱洒满阳光的房子，那是温暖和明亮的象征。太阳可以大放光芒，但在这里，在这方四面封闭的空间中，通过排气窗溜进来的那几道阳光恐怕也难以大展拳脚。

这里是粮油存储仓库，室内常年保持低温，整个仓库避光通风，人站在这里，只感到一阵阵脚底发冷。时间已经接近下午5点，库房里斜照的那一道阳光也不得不寂寞地退场，从早上5点开始，钟敬英见证了这道光从入场到退场的全过程。将近12个小时，钟敬英一直围着库房转悠，或是脚下生风地进进出出，或是原地小踏步转圈等待。

这几天，通化市钢铁厂（以下简称通钢）搞集团福利，要从食品批发部订购大批量品牌粮油，批发部临时租了食品厂的大仓库作为粮油暂存地。整个批发部都对这单生意很重视，按照通钢所订购的粮油数量来看，如果成功交付，蔬菜副食品商场将获得近期最为可观的一笔收益。通钢是本市国企，也是整个通化市的龙头企业，发货方便且企业回款有保障，合作成功的话，还会提高蔬菜副食品商场的影响力。这次合作如果能达到双赢，对今后双方更大规模的合作乃至蔬菜副食品商场的长远发展都将产生积极影响。同事们似乎已经预见了这单成功后的光明前景。钟敬英也深知这笔订单的重要性，她需要尽自己最大的能力保障这批货物顺利交付。作为部门经理，钟敬英从来没觉得自己"升官"了就能退居"后方"了，她知道职位越高责任越大，在年节这种紧张时刻，面对这样的重要订单，钟敬英更是坚守责任冲在一线。作为领导和同事们全身心信任的党员先锋，按照钟敬英自己的话来说，就是"老少爷们都信任我，客户也信任我，我必须上"。

很快，商品交付的日子到了。时间已经来到傍晚6点，冬日里天短，东北的白天更短，此时的天已经完全黑了下来。天黑了却开不了灯，就在几个小时前，全市紧急检修电路，夜幕降临之时电路检修尚未完成，这是钟敬英他们不得不面对的问题。皓月当空，冬夜的月光稀薄，白晃晃地铺在地上，拉得人影长长。来拉粮油的卡车已经排起了长队，车影更长。一箱箱油从仓库里运出来又被装到车上，天冷得让人伸不出手，钟敬英要求在保证人员安全的前提下，将仓库里的油平稳而高效地装车出库。站在库房门口，钟敬英就像定海神针，进进出出的工作人员看她一眼就能在黑夜里安下心来工作。钟敬英的眼睛紧盯着工人装车，寒冷让她全身微微僵硬，却让她的精神高度集中。夜色似乎总伴随着静默，静默遮住了吵吵嚷嚷的人车声。月亮高高挂在天空，月光白晃晃的，照得地面也白晃晃的，这让钟敬英想起父亲病房里白晃晃的床单。前段时间父亲突然住院，检查结果并不乐观。自己却因为年底工作忙，去探望父亲的次数屈指可数。父亲不会用传呼机，在护士帮助下几次和她短暂通话，父亲都叫她好好工作，做好供保，保重身体。

钟敬英想起1975年初春，她小学刚毕业没多久，人生第一次长途旅行，父亲带她回了山东老家。山东平原开阔而平展，地上大片的绿色青荏儿，这对钟敬英来说是完全不同于东北平原的另一番北方风光。父亲指着地上像草一样的植物问她："你猜猜这是什么？"她细细观察这片水灵灵的绿，略作思考说："这是韭菜。"父亲一听，乐得眯起眼，使劲揉揉她的头，告诉她："这是冬小麦，这些苗子要在雪底下藏够一个冬天才能在来年发芽。"她记住了冬小麦的样子，它刚冒出土地的青荏儿总是直直地刺向天空，虽然也绿，但是更像是嫩嫩的青色，一派生机勃勃的样子，纤弱但挺拔。这种作物要经历一冬的严寒，来年才会发芽、长大，最终造福百姓，成为碗里喷香的饭。小时候，钟敬英没有想过父亲说这句话的深意，只觉得景色新奇。现在想来，父亲应该是希望她能不畏"严寒"，希望她能成为一个对人民有益的人。临近年底，批发部业务量大增，正是营业额提升的关键阶段。整个部门的人都在热火朝天地工作，领导和同事最信任的钟敬英更是一刻不停地扎在库房。她站成了库房的标志物，成了这块四方地的守望者。通化市钢铁厂的粮油销售任务圆满完成后还会有雪花一样的订单，这单结束了，她的工作却不会结束。

春节前，老百姓回家过年，整个年景的丰饶喜悦就在一桌年夜饭上。食品企业在年前完成销售工作，不仅为了商业盈利，也是为了社会效益的实现。钟敬英在商业系统工作了快20年，作为商业工作者，老百姓脸上的笑容是她忙忙碌碌、一身疲惫后最大的安慰。钟敬英知道父亲在商业系统干了一辈子，不会怪她，恐怕见到她还要赶她回来工作，她想起每个父亲晚归的深夜，月亮都和今天的月亮一样亮。

看着库房里的食用油被一箱箱搬走，嘈杂的车声和同事的计数声此起彼伏，钟敬英站在库房里，身形笔直，目光如炬，她正默默地守望着。

第五章　勇攀高峰见青云

一桶花生油

法国人罗曼·罗兰曾说："世界上只有一种英雄主义，那就是在看清生活的真相之后依然热爱生活。"时代进程大浪淘沙，国企改制是顺应时代的必然选择。

2001年，钟敬英猝不及防收到了商场的解雇通知。从没想过的情节在自己身上上演了，行走在如潮水一般的下岗人群中，钟敬英陷入了迷茫与困惑。自己的业绩不错，但依然无法幸免。行走在回家的路上，她不知道自己该何去何从，那是一种多年未有过的无助。

逃走？回归家庭？逃回无所事事的那"四年"？她坐在路边的长椅上，一遍一遍地问自己。不甘心，真不甘心！她强迫自己的大脑运转起来，她知道大脑一片空白是比身处困境还糟糕的状态。作为单位被裁掉的最后一批员工，她被下岗这个沉重的现实砸得晕头转向。但当她冷静下来，跳出悲观的迷雾，忽然发现，当前的"困境"实际上正明晃晃地释放着一个信号——市场经济真的来了。

1978年改革开放至今，市场经济已从一股涓流汇成大浪。

不同于南方的很多民营企业抓住了1978年改革开放促进民营经济发展的第一次机遇，通化作为吉林省的老工业基地，很多人端的都是国企的铁饭碗，国企改制对当地的民营企业发展有重要影响。在1998年后，通化的民营企业才迎来了建立高峰期。

钟敬英不是没有留意过近几年的发展趋势，但或许是满足于当下的成绩，钟敬英缺少那种破釜沉舟的勇气。多年前的那个愿望又一次在她的心里蠢蠢欲动，她想当老板。

英国小说家狄更斯在《双城记》里写道："这是最好的时代，也是最坏的时代。"钟敬英并没有读过这本书，但却隐隐读懂了这个机遇与挑战并存的时代，她清楚没有一刻比当下更适合创业。历史的机遇往往属于实干家，这一次，她真正触摸到了生活的真相，以一种近乎执拗的信念奔跑在创业的路途上。

2002年，钟敬英正式开始创业，那时她已经39岁了。孔子说："三十而立，四十而不惑。"已年近不惑而事业未成，这在当今或许会引发不少人的"中年焦虑"，但39岁的钟敬英那时却激情饱满，一门心思想再折腾折腾。炒股？当商业合伙人？这些设想被钟敬英一一否定。她已经不是十多年前那个重返职场，想开酒行却错过最佳时机，对创业毫无头绪只有激情的人了，岁月和经历沉淀出了她的冷静与透彻。人说"隔行如隔山"，考虑再三，钟敬英还是决定捡回自己的老本行，在食品行业开疆拓土。民以食为天，食品关系到老百姓的生命安全，是最不好干的行业之一。钟敬英在这行干了近20年，深知干好这一行的奥妙所在。做食品代理商，如果代理名牌产品，价位高，市场小；如果代理杂牌产品，价位低，市场大。前者虽然收益少，但能经得起时间和人心的考验；后者来钱快，但必然走不长远。"良心与诚信"缺一不可，就算另起炉灶，这块金字招牌也得牢牢挂好。钟敬英的选择显而易见，要干就必须选择名牌产品。

机会总是留给有准备的人。2002年，中国名品花生油正在通化市寻找代理商，钟敬英一眼就瞄准了这个品牌。她东拼西凑攒齐了代理费，过五关斩六将，终于以自己在食品行业的专业态度打动了厂家，正式成为这款花生油的代理商。同年5月，钟敬英招聘了三名和自己一样的下岗职工，正式创办了"正尚丰食品批发部"。人员三名，手推车一辆，仓库半间，批发部的规模简陋得引人发笑。但钟敬英信心满满，万事开头难，只要开了头，接下来要做的就是大展拳脚。

这款花生油虽然是名牌产品，可是才进入通化市场，又因为定价偏高，并不被老百姓接受。钟敬英和员工们推着推车走遍了全市大大小小400多家商店、粮油店，被人拒之门外是家常便饭。她并不气馁，食用油的品质有保障，虽然价位偏高，但随着经济发展，老百姓生活水平提升，对高品质粮油的需求也会提高。她对产品质量有信心，也对消费者有信心。刚入市场，产品出现水土不服的情况是正常现象，如果说粮油品质决定公司的远景，那么公司的诚信态度就是当前打动下游店主的必杀技。

一次，钟敬英去江东的一家农贸市场推销花生油，店主不愿意听，但还是好言相劝把她劝走了。第二天，钟敬英又去，店主不留情面，恶言恶语把她赶出了门。看着店主满是厌恶的表情，有一瞬间，钟敬英对自己的工作产生了怀疑，眼泪唰地就流出来了。然而一回到公司，看着四处堆放的油箱，钟敬英狠狠咬牙，还是决定无论如何要啃下这块儿硬骨头。没过几天，她又来到这家市场。店主不耐烦地说："又是你啊？你脸皮可真够厚的。"钟敬英忙解释："我是来买挂面的。"她也没等店主招呼，就自己往包里装挂面。钟敬英在食品行业干的年头多了，对食品保质期非常敏感，她立刻就注意到，挂面还有一个月就过期了，于是赶紧跟老板说："老板，你把要到期的挂面再给我装点儿啊，我公司人多，几天就吃完了。要不这挂面过期就不能再卖了。"店主听了她的话，一边装挂面，一边端详她。等到她要走时，老板一把拉住了她："你这个人这么讲诚信，我相信你推销的油质量一定没问题。明天你就把油拉来吧！"钟敬英眼眶发红，她看着店主说："做生意讲的就是良心和诚信，我自己做食品，必须对得起自己，也对得起客户，谢谢你给我们公司这个机会。"

这是让钟敬英印象最深的一位店主，店主卖货讲究诚信，他对自己是这么要求的，对供应商更是这么要求的。这位店主的心态，恰恰也是众多诚信经营的优质下游商家的心态，钟敬英尊重、赞同并由衷地支持。直到今天，这位店主依然是钟敬英的长期合作伙伴。

良心与诚信

清代学者金缨在他整理的《格言联璧·持躬篇》中收录了一句话："内不欺己，外不欺人。"这句话意思是说：做人，对内要对得起自己的良心，对外要诚信待人。这与钟敬英一直以来坚持的"良心与诚信"理念不谋而合。

良心与诚信，是钟敬英一直以来坚守的。在正尚丰品质与名品粮油品质的双重加持下，这款名品油终于打开了通化市的粮油市场，公司业务甚至扩展到了周边市镇。公司再不是"有点儿寒碜"的样子，而是逐步扩大为拥有一定规模的企业。

粮油是最实惠的生活必需品之一，常被企业用作员工的年终福利。每到春节，正尚丰批发部的团购订单量都会大幅增加。有一年正月初七，公司正好从集安乐万家超市调回了120桶还差两个月就过保质期的花生油。这种临期商品一般都会特价处理，不会进入到正价商品的货单中。巧的是，当天白山电厂急购一批花生油。团购的大单子收益十分可观，库管员老王见库存不够，就把这120桶临期油也装上了车。第二天，钟敬英核查供货单发现了这件事，狠狠地批评了老王一顿。钟敬英平时待人友善没有架子，对员工也亲切和蔼，从来没发过这么大的火。老王觉得老板有点儿小题大做："经理，我们库存不够数，这120桶油客户都没意见。再说现在年节，配货站都没有上班的，我看就这样吧。"钟敬英生气地说："就因为这120桶油就砸了我们粮油的牌子，也砸了正尚丰的牌子，你说值吗？"钟敬英当即决定连夜去品牌分公司调120桶油，直接送到白山电厂，她亲自跟车配送。正当春节，家家户户灯火通明，公路上却只有闪烁的路灯。为了弥补这次失误，钟敬英来回奔波了一整天，在车厢里昏昏欲睡。她摇下车窗，冬日的冷风呼地钻进她的鼻腔，她一下就精神了。送货车走了一整夜，120桶新油终于在第二天早上抵达白山电厂。卸货时，电厂领导拍着钟敬英的肩膀高兴地说："我看中的就是你们的这实诚劲儿，以后再买油还找你！"

还有一年，公司因仓库潮湿导致价值6万多元的商品受损，有员工提出降价处理这些受损商品，但钟敬英坚决不同意，她说："公司再难，也不能砸了自己的牌子。"，她亲自带领员工烧掉受损商品后，才默默含泪匆匆离去。

从古至今都流传着一种说法"无奸不商"，好像"商人"这个词就带着奸诈的属性。但钟敬英觉得吃亏是福，口碑比啥都重要。良心与诚信是钟敬英在和员工谈话时最常提到的。钟敬英总说："你在推销产品的同时，也在推销你自己的人品，人品是最高的'学历'。"钟敬英以身作则，用实际行动引导员工。

一天晚上，钟敬英接到员工小陈的电话。小陈在电话里着急地对钟敬英说："经理，我推销出去的那批酱油出问题了。"食品的事没有小事，钟敬英赶紧问清楚情况："你别着急，有问题就解决问题。出啥事了？"钟敬英的冷静安抚了慌乱的小陈，她说："通化县一家超市进了酱油，不承想酱油袋子破了，挂面和大米都泡汤了，损失了不少。"一听这话，钟敬英二话没说，接上小陈，马上打车到了出事的超市。她仔细检查酱油袋，排除了胀包或运输不当造成破损的可能，最后发现酱油袋是被店主仓库里的老鼠咬坏的。自己经手的货出了岔子，虽然不是产品质量问题，但小陈依然愧疚。事后，她谁也没告诉，偷偷回到受损超市，自掏腰包把被酱油污染的米面都买了回来。直到一个多月过去，公司召开客户座谈会，店主才把这事说出来。小陈能急客户之所急，自己吃亏也要保住公司口碑。钟敬英认为这种精神应该在全公司大力倡扬。小陈自愿弥补客户损失，钟敬英却不能让员工吃亏，以此为契机，钟敬英奖励小陈1000元，号召全体员工向小陈学习。

多年来，钟敬英时刻提醒自己保持初心，对食品安全严格把关，只要关系到食品的安全问题，事无巨细，她都要过问。她不爱在办公室坐着，闲下来的时候就常走街串巷，穿行在大大小小的商店货架间，从供应者变为消费者，这可以让她对自己公司供

⊙ 2003年，钟敬英（左二）在公司库房检查食品生产日期

应的产品有更加真实的认识。为了确保正尚丰销售产品的质量，只要产品出现漏袋、损耗、鼠咬、水泡等问题，钟敬英都要将问题产品全部召回。她不像一个企业经营者，更像是一个食品质检员，守在商品和老百姓之间，守住食品安全的红线。

儿时，钟敬英羡慕村里的售货员，觉得售货员就是管店的，想吃什么自己就能吃什么。而今，真成了食品的"售货员"，她却变得"贪心"了。不只是自己，钟敬英想让全山城的老百姓都吃上安全的食品。整个通化的食品经销商不是只有钟敬英一个，要想让这个愿望实现，需要集全通化经销商之力。如果企业能在追求自身经济利益的同时，为社会提出更有益的设想，那它就不仅仅是在盈利，而是在创造一种新的经营模式。2014年，钟敬英组织全市食品流通主要企业成立了通化市商贸流通商会，制定了可行的行业标准。商会章程的第一条就是：经营伪劣食品企业不准入会。商会向全市食品经营者发出了"不经营伪劣食品倡议"，把住了食品安全的关口。

钟敬英经常说："经营公司这么多年，我深深地意识到，无论你是谁，无论你身居何方，无论你做什么事情，你身后依靠的一定是强大的祖国。心中有国，肩上有责，诚信为本，善良为根。"

"从前萤火星星点，今日银河万里来。"钟敬英自己的亮度是有限的，但只要她的星光不灭，就能点亮整片星空。

不拘一格育人才

从正尚丰成立之初钟敬英就意识到，一家企业绝不是经营者个人的小天地，而是一个群体的舞台。企业若想长足发展，团队的综合素质非常关键，群策群力才会使企业产生强大的合力效应。

公司成立之初，有一件事触动了钟敬英。一名员工在出库开票时，把"一件"写成"一牛"，"一串"写成"一中"，每天的走货记录也只有寥寥几个字："今天没走好，明天好好走。"这些潦草的记录似乎都指向员工敷衍的态度，但钟敬英明白，这种现象的根源并不在此。食品行业并不是暴利行业。一饭一蔬，四时常有，只要谈到吃，人们脑海中的印象都是普遍、常见；再谈到粮食，它总是连接着泥土、肥料、重劳动。尽管钟敬英明白食品行业的实在价值，但是不得不承认的现实是，在大多数人眼里，食品行业是个门槛很低的行业。人人知粒粒辛苦，但不是人人都愿意弯下腰拣拾泥土中的米粒。行业印象如此，招到高学历员工也就并不容易。况且，钟敬英也愿意招收普通员工，愿意花时间培养员工成才。她甚至还主动吸纳了很多其他企业拒收的刑满释放人员和教养解除人员、下岗工人、待业青年。这或许让很多人不解，在效率至上、人才内卷的今天，钟敬英当时的做法显得有点儿"傻"。钟敬英却觉得，普通人需要机会，犯过错误的人也需要机会，他们需要一点儿时间、一点儿宽容。一个企业，如果能让人才成为人才，只是消化社会的给予，如果能将普通人培养成人才，那么就能为社会做出一点儿创造性的贡献。

公司成立至今，钟敬英要求员工每个月写一本小楷、一篇工作总结和下月计划。每两个月开展一次读书学习会。钟敬英没上过大学，正尚丰全体员工的平均学历也不高。学历或许无法再升，但知识什么时候学都不晚。钟敬英不仅自己参加了清华大学EMBA高级工商管理硕士班，还组织班子成员每季度到长春参加团队建设学习。组织员工深造学习花费不菲，但钟敬英眼光长远，在培养人才上投资，就是投资公司的未来。

钟敬英做的是食品行业，干这一行，员工的人品和能力同等重要，钟敬英要在这二者之间寻求一个和谐又美妙的平衡。

2014年，员工小刘被评选为正尚丰的劳动模范。站在领奖台上，她目光炯炯，身姿笔挺，精气神很足。谁也想不到，几年之前，她还因为教养解除人员和刑满释放人员的身份，找工作四处碰壁。"不怨人家不收我。"她笑得很不好意思。刚进入正尚丰，她抽烟喝酒、好逸恶劳，工作也马马虎虎，连衣服都是父亲给洗。钟敬英经常找小刘谈心，带她到孤儿院慰问，言辞行动之间，不像领导，倒像是老师。钟敬英的关怀温和绵长，潜移默化之间，小刘的恶习消失了，她开始孝敬父母，积极工作，直到被评为公司的劳动模范。2010年，小刘结婚了。在婚礼上，她笑容灿烂："是正尚丰给了我第二个春天，要不我现在还不知道在哪儿呢！"事实上，把小刘招进公司之前，钟敬英已经了解过她的情况。或者说，小刘这种情况并不是个例，在小刘之前，钟敬英还招收过很多这样的员工，在小刘之后，钟敬英也不会放弃招收这类员工。

钟敬英常和员工讲："做事先做人，先有付出后有回报。"在钟敬英看来，她先是公司的员工，之后才是公司的经理。"公司的发展靠的是员工的辛勤付出。"每当公司招了新员工，钟敬英都要一遍遍强调这句话。

钟敬英与员工之间的关系不像上级和下属，更像朋友，像亲人。她总能想员工之所想，从关心员工的工作到关心员工的生活，谁家里有什么困难她都第一个帮忙，员工家有喜事也爱请钟敬英出席。钟敬英与员工间的互动是双向的，她对员工关怀备至，换来了员工们在工作上全力以赴、真心坚守。2008年，全球金融危机爆发，通化的食品行业遭到很大冲击，正尚丰的营业额第一次出现了负增长。很多企业的员工工资和企业营业额一样，双双跳水。钟敬英的公司却出现了一个奇怪的现象，营业额降了，员工工资却在涨，月平均工资从1500元涨到了2000元。这是钟敬英优待员工的结果，而管理者与员工间的良性关系也变成了坚韧的纽带，把公司全体员工牢牢地系成了一个结。

正尚丰是大家的正尚丰。钟敬英的梦想就是让每名员工与公司共同发展，让志同道合的员工都能过上幸福生活，都成为企业的主人。20多年来，正尚丰成为地方安置"4050人员"的基地，先后安置下岗失业人员等600多人次。企业培养人才，人才回馈企业，这是双向的互动。培养人才，正尚丰不是锋利的刻刀，也不是粗糙的磨石，而是缓流的溪水，在一次次的冲刷之下，淘洗出温润透亮的璞玉。

三十载入党情

2023年，钟敬英60岁整。1963年出生，1993年入党，这是她入党的第30个年头。

儿时，父亲常给她讲自己参加淮海战役的往事，父亲是个话少的人，但每谈到这个话题，他都一下打开了话匣子："打仗的时候，那个炮火连天，天都是黑的，一抬头，连太阳都没有。我是担架兵，就负责抬担架，那死的人都没数，我边抬边哭。现在和平了，日子多好哇，你得好好珍惜，这都是英雄拼来的。"即使参加过解放战争，父亲也从不觉得自己是英雄，他说自己只是幸运，所以得用剩下的时间为人民服务，为党服务。到了通化之后，父亲才成为正式的共产党员，他一生爱党，一生都以自己的党员身份为荣。

1993年，钟敬英30岁，在蔬菜副食品商场做售货员。当张经理告诉她，她的入党申请已经被批准了，她心里的喜悦就像喷涌的泉水，一股一股地压不住。同事们认可她："钟敬英早就应该是共产党员了。她人品德好，表里如一，是个好人！"钟敬英把好消息告诉父亲，已经70多岁的钟子光高兴地拍着女儿的肩膀："好样的！好好干，不能辜负党。"

回忆往事，涛声依旧，时至今日钟敬英都能回忆起自己在宣读入党誓词时激动的心情。宣誓完毕，话音虽落，但誓言永记。

2016年，钟敬英已经是一名民营企业家了，办企业、管理员工，她的责任变大了，作为一名党员的辐射作用也变大了。12月，经历了长时间的积极准备，钟敬英响应在非公企业建立党组织的号召，率先成立了公司党支部。她把党旗郑重地挂在公司党支部办公室，像多年前入党宣誓时一样，她心潮澎湃，坚信党的光辉会照亮公司信仰之方向。

早在多年前，钟敬英就坚持将建党精神作为公司精神文明建设的指引。正尚丰所在的通化市是一座英雄城市。浑江东岸，树木葱郁的山岗上，靖宇陵园静静矗立。吉林省安置抗美援朝志愿军烈士人数最多的烈士陵园就坐落在正尚丰办公地点所在的东昌区。在未成立公司党支部之前，钟敬英就经常组织员工参观靖宇陵园，重走抗联路，开展"红歌心向党"等红色教育活动。尤其是参观靖宇陵园，几乎成了正尚丰组织学习教育的固定选择。可以说，每一个正尚丰的员工都熟悉园区中的一草一木，站在这处红色遗址中，他们感受着那种震撼与沉静相混杂的氛围。这种震颤在日常行动中常有回响。

每年八一建军节，钟敬英都要带领公司的"黄马甲志愿者团队"来到通化市光荣院。这所光荣院里居住着不少抗战老兵，对于这些老兵们来说，建军节的意义更加深刻而真实。志愿者们会做好一桌饭菜，邀请老兵们参加聚餐。他们或许素不相识，但因为都经历过那段峥嵘岁月，所以都是战友，是同志。对党、对国家的深厚情感把他们聚在了一起。

钟敬英不止一次感慨党的感召力和凝聚力。这股巨力能为国家组建一支所向披靡的正义之师，也必能在企业中打造精锐强悍的人才队伍。建立公司党支部能为企业的持续、健康、高效发展提供强有力的精神驱动力和组织保障。公司党支部要想持续发力，就必须先让党员发挥先锋模范作用。钟敬英在公司中大力培养和发展党员，树立了"共产党员永远不下岗、共产党员永远要站好岗、共产党员永远要领好岗"的"三种岗位意识"，全力打造了"信仰文化、关爱文化、榜样文化"的"三种党建文化"，共同塑造了"密切联系群众、提升员工素质、发挥党员带头作用、打造学习型企业、履行社会责任"的"五个发展要素"，探索形成了"三三五"党建工作模式。

早在2015年，钟敬英和公司的几位党员员工牵头，成立了正尚丰"黄马甲志愿者团队"，这支队伍既是"三三五"党建工作模式的创造者，也是这一模式的执行者和受益者。公司发展，这支队伍开疆拓土，高质高速推动企业进步；公益助人，这支队伍身体力行，有爱心的"黄马甲"行在各处；面对困难，这支队伍奔走在仓库卡点，高效完成调度保供任务；脱贫攻坚，这支队伍行走在田间地头，为群众寻找致富之路。如瓷器包釉后流转莹润光彩，公司党支部的建立，给正尚丰包上了一层流光溢彩的釉面，坚硬且恒久。

2023年，钟敬英已经是一名有30年党龄的老党员，她的身后有一个个后来者，在这条红色的道路上坚定前行。

第六章　亲吻土地泪盈眶

下岗女工知心人

"因为自己淋过雨，所以总想为别人撑把伞。"

2007年秋天，市妇联的一位领导找到钟敬英说："钟经理，能不能收容一些下岗女工来公司工作。"钟敬英想都没想就答应了："行，我尽力安排。"钟敬英自己曾是下岗女工，下岗带给她的不只是经济重创，更是自尊创痛，个中滋味，她比谁都明白。钟敬英知道，下岗的人最需要的是一份新工作。但工作也只能解决她们的经济问题，她更想在解决女工们经济困难的同时，多一点儿人情的温度。

需要再就业的女工有三四十人，把她们直接安排到公司容纳不下。如果上班地点太远，女工们就得撇家舍业，生活成本也太高了。思来想去，钟敬英决定在女工家附近就地安置，这样不仅能解决她们的生计问题，还能方便她们照顾家庭。2008年，正赶上全球金融危机，各个行业都不景气。钟敬英却在二道河发电厂附近开了一家店，又在附近商超租用了300多平方米的档口销售服饰和办公用品。这事传到同行耳朵里，大家都不看好。"隔行如隔山，做食品的去做服装，真是失策。""谁在发电厂旁边开超市？污染多，噪声大，人都没几个！钟敬英这是找着赔钱。"

果然，因为选址不好，发电厂附近那家商店的经营很不景气，一年下来能赔几十万。让人不解的是，在经济下行的特殊时期，钟敬英的店铺赔钱，员工的工资却提高了。为了保证这些女工的基本生活，钟敬英提高了两家店铺员工的月薪。在邻近郊区的偏僻地带，超市员工的底薪也达到了1200元，如果营业额好，钟敬英还会额外发放提成。这下，唱衰的声音更多了，有人说："年年这么赔什么时候是个头？干脆把超市关了吧。"就连在外地上大学的女儿明明都打来电话劝妈妈关了超市。钟敬英什么也没说，只在明明大学毕业回公司帮忙的时候，先把女儿安排到了电厂超市。生活是最好的老师，在超市和这些女工共同工作了一段时间，明明才知道，她们中有离婚单身的、家人生病的、孩子交不起学费的，但是不管多苦多难，她们来到超市后都能露出真诚的笑脸。生活的苦难与人的乐观以直观而质朴的形式展现在明明眼前，她才知道妈妈做了一件多么了不起的事。离开超市回到家，明明对钟敬英说："妈，这些下岗女工家里太困难了，你要真把超市关了，她们就没法生活了。妈，超市还是开着吧，开的时间越长越好。"

就如在黑暗中的人会抓住哪怕一丝光明，钟敬英知道，这些经历过下岗的女工只会更加珍惜来之不易的机会。钟敬英愿意给这些在黑暗中执着前行的人一点儿勇气、一点儿时间。几年之后，两家店铺凭借优质的服务、过硬的商品质量，营业额节节高升，已经不再亏损，甚至有盈利的趋势。

世风里，爱是信物；人海中，善乃慈航。这枚爱心的指向标，摇晃却也坚定地指向了更多的人。2013年，商店附近的桃源村搬迁，这一搬迁分散本就不多的超市客源，让刚有点儿起色的超市再度回到原点。不仅如此，桃源村里还有十几户老弱病残，搬离了超市，生活上肯定更不方便。店长盖敏就住在桃源村附近。盖敏的爱人是残疾人，儿子身体一直不好，年近五十的她已经在电厂超市工作了10年。没用领导指派，盖敏默默承担起了这十几户人家的送货任务，有时间还会帮他们干点活儿。问到盖敏行动的初衷，她有点儿不好意思地说："将心比心，钟经理为了我们亏损开超市，我也想把这份爱心传递给乡亲们。"

莎士比亚曾说："慈悲不是出于勉强，它像是甘露一样从天上降下尘世；它不但给幸福于受施的人，也同样给幸福于施与的人。"在爱的甘霖里，当盖敏接过了钟敬英递来的爱心，她就完成了从受施者到施与者的身份转换。

春风春雨润人心

自2001年公司成立至今，在钟敬英的号召带领下，正尚丰一直勇担社会责任，发扬"爱党、爱国、爱家、爱企业"的企业文化。在这种精神的感召下，正尚丰成立了"黄马甲爱心志愿者团队"帮助他人、服务社会是钟敬英的个人坚持，也是整个正尚丰的团队共识。2013年11月3日，总书记首次提出"精准扶贫"的重要思想。响应国家精准扶贫的号召，正尚丰积极与政府对接，成为定点帮扶企业。钟敬英就此投入到扶贫工作中。

钟敬英第一次来到通化市柳河县凉水河子镇腰站村的驻村工作组，正是春节前夕。天寒地冻，眼前一排低矮的平房直愣愣又光秃秃地横在院子里。冬日里天高地旷，太阳斜照在空落落的院子里，衬得立着的几间房子更加萧索。钟敬英的第一个想法是："不知道驻在工作组的干部生活得怎么样？"

正在她犹豫的当口，有个女同志掀开门帘走了出来。她的圆脸上挂着温和的笑，看见他们就弯了一双晶亮的眼，把钟敬英一行人领进了屋。"你们是对接扶贫的吧？我就在这长期驻村，大老远来，累了吧？先喝点儿水。"女同志说着拿起暖水瓶给钟敬英倒了杯水，塞进她手里。刚进院就只顾上看院子了，坐在屋里，钟敬英的目光在小屋里扫了一圈，又落回女同志脸上。驻村工作人员的生活环境实在算不上好。钟敬英这是第一次来，主要是为了先了解村里的情况，只带了几个人搬物资，但是光这几个人在屋里坐着，整个屋就显得有些局促了。仔细看，刷白的墙虽然干净，但是已经发黄了，屋里没几样东西，凳子都是从外面现搬的。寒冬腊月里，门帘挂着，炉子生着，屋里也不觉暖和。但女同志的精气神却很好，脸颊泛着红润的光泽，始终带着热情的微笑。她一开口就带一股爽利的豪气，钟敬英顿感一见如故，两位女士就这么自然地交谈起来。

"我们是负责扶贫对接的民营企业，这次来想先了解一下情况，带了点东西，也来看看能帮上啥忙。同志，你看你在这边工作有什么困难是我们能帮上忙的，就直接跟我说。你们在这儿长期驻村，是为老百姓办事，辛苦了！"钟敬英诚恳地说。

女同志一听钟敬英的话，略显不好意思，再一听她说"辛苦了"，连连摆手，"来这儿驻村就为给村里做点事，能给老百姓解决问题我就开心，哪里谈得上辛苦？你们民营企业来帮忙，也是为给村里办实事，咱俩殊途同归！"

钟敬英连连点头，"你说得对，咱们最主要的就是能给村民帮上忙。"俩人说话一点儿不生疏，爽快又热切，直奔主题说起了村里的情况。

经过了解钟敬英才知道，腰站村的致贫原因比较复杂，村子位于山岭间，交通闭塞，与中心城市相距甚远。村里多是留守的老人儿童，信息闭塞。村里各家各户来往也不密切。受制于自然环境，再加上与外界有一定脱节，村民们的生活还循着一条固定的轨迹，日出而作日落而息，春种秋收，慢慢就落在了时代的后头。在驻村工作组来到腰站村前，村里连条像样的正路都没有，腰站村曾驻扎过两届驻村工作组，历届工作组都尽心尽力改善村里条件，虽然没能在任期内彻底改变腰站村的贫困状况，但是相比几年之前，修上了新路，安上了路灯，村民生活水平有了很大提升。这位女同志在来之前就调查了村里情况，她是怀着满腔热情，抱着极大决心来的。脱贫攻坚需要一代代党员群众共同奋进，追求幸福生活的决心不能变，为了完成上两届同志未竟的脱贫任务，为了让乡亲们过上好日子，她怀着一颗坚定的心，在腰站村常驻下来。钟敬英看着女同志熠熠生辉的眸子，心里有说不出的佩服。这位同志为了来驻村，把丈夫都拽上，家都搬来了。钟敬英心中感慨万千，捧着热乎乎的玻璃水杯，这热度直达心脏，她的手不自觉紧了紧。

一方面，钟敬英对驻村人员抱有极大的敬意，在这位女同志身上感受到了鼓舞。另一方面，钟敬英开始思考，怎样才能尽自己最大的力，协助村干部和驻村工作组，办一些实实在在的事情，为如火如荼的脱贫攻坚战添上一分热力。腰站村地处山野之间，和长白山脚下的大多数小山村一样，村民的房子建得极为分散，民房三三两两，看着疏落。村民间的联系也似这民居一般，不十分密切。但村里老百姓信任党，信任扶贫工作组，多年来配合工作组的工作，态度已经很积极，行动力也很强。钟敬英想要做的，是为扶贫工作开拓一个新视角，为这场党员群众共奋进的扶贫行动增添活力，为精准扶贫工作献出自己的力量。

要想富，先修路，这条路不只是地理意义上的道路，更是精神上的通道。前两任工作组已经为腰站村开拓了一条进出村庄的"平坦正路"，这一届工作组则希望进一步打开村民的精神通路。脱贫攻坚战，首先就是一场心灵之战，也是一场认识之战，是传播致富智慧、实践致富策略的双边战役。要想让村民真正理解扶贫政策，最好以村民们喜闻乐见的形式，如春风化雨一般浸润乡亲们的心田。

和驻村女同志一番交谈后，钟敬英对各家各户的基本生活情况有了一点儿了解。她也许有某种商人的性格特征，做事有规划，不打无准备的仗。第一次来村里，她就不是空手而来，也不打算不留一点儿痕迹地走。满车的物资就是她的探路石。女同志感慨于她的细心与周到。其实在钟敬英之前，她并非没有接触过其他的对接企业，但是像钟敬英这样既有一腔扶贫热忱，还身体力行为扶贫工作出谋划策的企业家并不多见。她带着钟敬英一户户走访，一队人搬上米面粮油慰问了村里生活条件相对困难的人家，这些特困户、残疾人、留守儿童家庭，家家过得都不容易。临近过年，钟敬英直接送了实际的生活必需品，希望这些家庭能过个松快点儿的年。走访完这些住户，她又走访了村里的党员家庭，现役军人、转业军人家庭，村干部、军烈属家庭。跟着驻村女同志走访一圈下来，钟敬英发现，小小一个腰站村，竟然有不少红色家庭。在钟敬英看来，党员最应该起到先锋模范作用，实际上这些人家对党的政策也确实有更深的理解。在村干部和驻村工作组的支持下，如果年后能正式启动新一轮扶贫，这些红色家庭一定会是中坚力量。走访完，太阳将要下山，卧在山岭里的小村，从地皮上升起了实实在在的冷意。驻村的女同志拽着钟敬英留她吃饭，钟敬英谢绝了。自己还带着几个员工，实在不能给人添麻烦。

一户一户走过来，看过脱落墙皮的冷屋、行动不便的老人、小脸冻得通红的孩子，钟敬英深深地感受到脱贫攻坚的重要性。从通化家里到腰站村村民家里，往返路程4个小时，冬季天干物燥，烟尘飞扬，面包车驶出村子。窗外，光秃秃的太阳从打卷的烟尘中滚滚下落。今天在腰站村看到的一切，都给钟敬英一种感觉，仿佛又回到了儿时生活的小村庄，当她五年级时第一次去市里的商店买东西时，就是这种心落不到实处的感觉。她感受到的是差距，还有想要缩小这种差距的决心。

从腰站村回到家，钟敬英一刻也没闲着。她主动和驻村工作组建了微信群，方便随时联络。这次走访之后，钟敬英又从忙碌的工作中抽出时间,陆陆续续来到腰站村,事无巨细地了解村里情况。驻村工作组人员每次都尽量陪同,他们的支持让钟敬英的走访更加顺利。经过一段时间的实地考察和与驻村工作组密切交流,钟敬英心里的想法逐渐成形。她心里其实有点儿不自信,这实在与她经营企业时的雷厉风行颇不相符。她想办个文艺演出活动,专门用村民喜闻乐见的形式宣传扶贫政策。可是话说回来,文艺晚会不像粮油米面,发放出去至少还能暂解饥饿,晚会如果无人响应,只会沦为形式主义的闹剧。但驻村工作组听了钟敬英的想法很认同,那位女同志鼓励她:"钟经理,你放心,老百姓最知道谁真心为他们办事。村里家家户户你都走过了,大胆办,你没问题!"钟敬英的小心来自她对乡亲们的爱重,越重视,越怕自己办不妥。女同志的话给了她勇气,说干就干,钟敬英开始着手准备文艺演出活动。

钟敬英虽然以前没有参与过大规模的扶贫,但明白一个底层逻辑,在某种意义上,团结公司全体员工致富和团结全村村民致富具有相似性。在团结公司员工、搞企业精神文化建设方面,钟敬英有创意也有经验。正尚丰举办的庆祝年会、表彰大会、文艺演出效果都很好。举一反三,见一知十。钟敬英决定趁着当年七一党的生日之际,把文艺演出办好,既庆祝党的生日,也宣传政策。

做出这个决定时,距离七一只剩短短一个月时间,钟敬英对这次演出非常重视,这是在腰站村举办的第一次文艺演出,更是以脱贫攻坚为主题的活动，绝对不能失败。正尚丰经常举办文艺演出，公司有自己的演出团队，演员都是公司志愿服务队的队员。钟敬英明白这次演出时间紧任务重，节目保质保量的同时还要兼顾效率，必然不轻松。在排练之前，钟敬英就给员工开了个小会，"咱们这次演出是自愿参加，绝不强迫。"说完她就有点儿忐忑。"我有时间。""咱们是为了扶贫，我愿意来。""给老百姓办事，钟经理都有时间，我也必须有。"员工们七嘴八舌积极响应，场面一时间乱乱哄哄，钟敬英心里的暖流却汇成了温柔的江河冲刷她的心脏，吵吵嚷嚷的人声里她感觉到了大家的一呼百应。人员定下来了，演出队迅速开始热火朝天地排练。大伙白天上班，晚上排练，身体累但心里热。员工排练，钟敬英也全程陪同。夜里静悄悄，风儿吹树梢。正尚丰里灯火通明，歌声伴锣鼓声，是寂静中突兀的欢腾。汗水砸在地板上，是啪嗒啪嗒的倒计时声。

2019年7月1日，七一党的生日如期而至。清晨，天光大亮，刚铺满阳光的小山村，空气中还带着露水的微凉。一排房子就是荧幕，一方广场就是舞台，看着挂在墙上的党旗，钟敬英浑身充满了干劲。钟敬英不觉得在广场演出条件太过简陋，广场的舞台和观众席之间没有台阶阻断，水平一线，能把演员和观众的距离无限拉近。太阳越升越高，广场前的几排观众席上还是只有稀稀拉拉几个老人。演出还有一会儿开始，有些演员的表情有点儿犹疑，在公司演了这么多回，从来没见过今天这样的情况。远远地，驻村工作组的女同志来了，正向钟敬英招手，他们的身后是村干部和组里的其他工作人员。"钟经理，我可早早就等着演出开始啦！"钟敬英心头一阵感动，她没有闲着，刚才正招呼员工摆放慰问品。"谢谢，谢谢咱们工作组和村里的支持。"她的声音郑重而诚恳。女同志冲她笑了笑，领着工作组的工作人员坐在了观众席上。舞台上，慰问品齐刷刷地摆成几排，无声而有力地呼唤着村里的村民。

腰站村最近都在传一个新闻，说是村里来了个老板，挨家挨户送东西，从村东头送到村西头，最穷的人家还多得了一袋面。一个小村，不管是什么新鲜事，在村口的空地转上一圈，不出一天就能传遍全村。"哪是这几天，"有人说，"早就送了，那爹妈打工的孩子家是最先送的。""说是要来演节目，就在广场，瞅瞅去？"唠嗑的大爷咂咂嘴，也不知道谁先开的头，陆陆续续都往广场走。

钟敬英一开始还有些忐忑，但想到工作组的支持，想到自己这段时间的走访，就很快镇定下来。像驻村女同志说的"老百姓最知道谁真心为他们办事"，她愿意相信劳动人民性格中的真善美。演出马上开始，突然来了一群人，挤挤挨挨快要把观众席坐满了。演出在人群汇集时就已经开始了，演员们先是唱了一首红歌开场，旋律激扬，热情豪迈，一下就点燃了气氛。东一撮，西一撮，越来越多的村民过来，没地方坐着只能站着。钟敬英有巧思，她把工作组的脱贫攻坚政策编成了三句半，一问一答，朗朗上口，有些村民跟着说，把气氛推上了一个小高潮。节目中场，钟敬英设置了有奖问答，只要答对关于脱贫的问题就能领奖品。这样一来，场面更加热烈。一团火一样的热气好似一下烘干了人们心中的坚冰，下半场演出刚开始，有位退伍老兵主动登上舞台，他一点儿也不扭捏，"我想唱首《军中绿花》，送给今天在座的父老乡亲们。"音乐一起，他拿起话筒，"寒风飘飘落叶/军队是一朵绿花/亲爱的战友/你不要想家/不要想妈妈……"退伍老兵唱歌没有花哨的技巧，但情感饱满，声音洪亮。唱着唱着，台下突然安静了，一位老妈妈正流着眼泪，泣不成声。钟敬英赶紧挽着老太太坐下，"大娘，这是咋了？有什么事告诉我，您别着急。"老太太声音哽咽："我儿子就是军人，他牺牲了，没回来啊！他是为了保家卫国，我儿子（是）好孩子！"一瞬间，钟敬英有片刻的愣怔，人群也鸦雀无声，只有《军中绿花》的配乐还在播放。老太太的话悲伤而有力量，观众里有党员也有军属，一首《军中绿花》结束，越来越多的村民拿起话筒，《没有共产党就没有新中国》《我爱你中国》《向往》等歌曲，一曲接一曲，舞台和观众席的隔阂早就被打破。人的真情一旦释放就如汹涌的潮水，驻村工作组、艺术队、村民聚集在一起，广场彻底成为人们的舞台。

演出结束，村民们的情绪久久不能平复，有个大爷拽着钟敬英的手："姑娘，你们演得好！之前你们还来我家慰问，我

⊙ 2019年7月1日，钟敬英组织公司员工赴柳河县凉水河子镇腰站村开展
　"喜迎七一送健康　精准扶贫暖民心"文艺演出活动

走了五六里地才过来，你们演得好啊！下回还来不？"抓着钟敬英的手苍老粗糙但滚烫。"来，肯定还来。到时候通知您！"

一场文艺演出拉近了党群距离，党的扶贫政策如无声的春雨默默洒进村民们的心田。回程的路上，钟敬英的心情依旧难以平复。贫穷，拉开的是人与人之间的物质距离，但拉不开人们心间的距离。一次演出，或许无法产生立竿见影的效果，却如流水般缓缓冲刷出劳动人民心中淳朴热烈的底色；如春风无声传信，把扶贫政策吹入人心。

脱贫攻坚有"妙药"

腰站村两面夹山，地形封闭，往南，一条凉水河自东向西横过。从地图上看村子就像点缀在长白山山麓裂缝中的一个小白点。这种地势，如果在战争时期，必然易守难攻。现在进行的虽不是声势浩大的明战，而是硝烟暗藏的脱贫攻坚战，竟也陷入重重"困局"。

密集的实地走访让钟敬英对腰站村的自然环境和经济结构有了比较具体的了解。贫穷是一张隐形的名片，就算不给别人看，依旧在胸前的口袋里硌得人胸口疼。没有人愿意把自己的窘迫明晃晃地放在太阳光下。村民们信任党组织，信任驻村工作组，在与工作组长期的共同生活中，愿意慢慢透露小家庭的困顿与生活的艰辛。工作组为了更好地开展工作，和钟敬英说过村民们面临的困境，但村民本人却并不一定愿意与钟敬英一个外来的"老板"说起这些艰难困苦。在文艺演出之前，从没有村民主动和钟敬英说起过家里的情况。文艺演出之后，钟敬英和村民们的关系有了微妙的变化，对她的称呼从"老板"变成了大爷大娘口中的"姑娘"，留守儿童甜甜喊出的"钟姨"。村民们打开了话匣子，对钟敬英说起了不愿为外人道的赚钱、打工这些关乎生存和脸面的问题。钟敬英终于对腰站村有了从里到外、细致入微的了解。

　　腰站村人主要以种地为生，因为山地多，自耕地又不连片，所以难以进行大规模的现代化机械作业，大多数家庭就靠着一亩三分地过日子。村里没有支柱产业，种地收入低，年轻人大量外出打工寻求出路，村里剩下的多是老人、孩子。用村里人的话说："没人愿意离开家，可没有办法啊。"腰站村的问题，恰恰也是很多北方偏远山村面临的问题，没有特色产业，原有经济模式没有升级价值，青壮年劳动力流失，人越来越少。这些小村子在城市化浪潮中成为溅起又落地的水滴，成为很多人梦里才能回到的家乡。脱贫攻坚要做的就是改变这种现状，让乡土重新焕发活力与生机，让年轻人回家。这不仅关乎经济振兴，更关乎精神家园的重建。

人说"一方水土养一方人"，钟敬英深以为然，一方山水就是一方人的骨肉。腰站村的村民生长在白山黑水间，有这片山水赋予的宽厚勤劳的品格，这片大地上冬季漫长，但他们胸中却燃烧着不灭的火。即使生活困顿，他们依然愿意跟随党的指引，听从幸福生活的召唤。腰站村虽然两面夹山，但是村里有通往外界的主路，只不过距离中心城市太远，不容易受到中心城市的辐射带动。腰站村没有支柱产业，但是有主体产业——种地。村里大部分人都是地地道道的农民，在钟敬英的眼里，土地是蕴含巨大财富的隐形宝库，可塑性极强。"种瓜得瓜，种豆得豆"，种玉米也只能收获玉米，作为村民耕种首选的玉米，或许并不足以支撑起全村的耕种产业。驻村工作组的工作人员告诉钟敬英，腰站村并不是没有尝试过产业升级，改种其他作物。前几年村里种植过木耳，因为种植户缺乏养菌经验，控制不好药量、温度、湿度，木耳"全军覆没"，一点儿经济效益都没产生。经此一役，村民是有些灰心的。但止步不前并不能解决当下的问题，政府分配钟敬英的企业对接腰站村扶贫，正有推这个小村庄再走一步的用意。驻村工作人员和钟敬英交流过，脱贫攻坚引进民营企业的帮助，不仅是为整合各方资源助力脱贫，更是看中企业带来的致富新视角，群策群力之下，脱贫攻坚战必然胜利。

从长白山发源的凉水河行至腰站村南一段，水流慢慢变缓，在阳光之下闪烁着金光。凉水河属于高山水，上游污染少，水凉而甘，清可见底。腰站村与凉水河还有一段距离，村民取水主要还是靠水井，但观凉水河，可以想见腰站村水质优越，得天独厚。村里耕地少，山地多，如何利用有限的土地发挥最大的价值？钟敬英心里有了隐隐的想法，但涉及民生，更要慎之又慎。幸运的是，在与驻村工作组的交流中，工作人员告诉钟敬英，经过科学调研，加上收集村民意见，村里倡导种植中药材，有些积极性高的农户已经在尝试。中药材，就是中药材！钟敬英隐隐的想法正在此。

通化市是全国医药名城，背靠长白山，盛产中药，修正、东宝等全国知名药企都在通化。近几十年来，通化把中药现代化和生物制药作为改造传统制药行业的发展方向和目标，发展形势一片大好。腰站村土质好，水也好，还有紧靠药城的地缘优势，如果种植中药材，前景非常可观。此外，药材本就依山而生，皮实好养，不像木耳等菌类，对养殖户的专业性要求高，一招不慎血本无归。钟敬英的想法得到验证，迫切地想为腰站村的中药种植做一点儿能做的事。钟敬英是企业家，在产业构建上有实践得出的经验，在扩大产业规模、招商引资上有相对便捷的渠道。她把自己的想法告诉驻村工作组，双方又就细节深入沟通，都认为要想让村民更易接受，可以先小范围推广，药材、苞米都种上，既能让村民心安，又能打开产业升级的突破口。除了药材种植，钟敬英还建议腰站村改变单一的产业样态，以种植业为核心向外辐射。腰站村卖苞米，都是卖初级产品，收回来什么样就卖什么样，一年到头利润并不高。钟敬英自己就是做食品行业的，她知道如果能对玉米进行深加工，增加产品附加值再销售，获得的利润比直接卖初级产品要高出许多。钟敬英就这些细节给驻村工作组提供建议，得到了工作组和村干部的大力支持。她当机立断，直接联系工厂和村民对接，把玉米这条产业线也拓展铺开。

春风润拂百草萌，一年佳时适播耕。经过驻村干部的积极推进，加上钟敬英的鼎力帮助，有几户人家在今年春耕就把药材种下了地。春种播大地，秋收有盼头，趁着农忙，钟敬英带着正尚丰的"黄马甲志愿者服务队"赶赴耕种现场。田间地头，一片热火朝天的劳动景象。农忙农忙，家家都忙，更别说年轻劳力少的腰站村，大伙只会更忙。服务队主动承担了村头一片黄芪地的打理任务。一行人沿着村民指的路来到了一片荒地，举目望去，前方是连片野蛮生长的杂草，这草有半人来高，哪里有黄芪地的影子！服务队队员们正无从下手，钟敬英看了看，一脚踩进了杂草中，草窝里果然有被欺负得东倒西歪的黄芪。钟敬英招呼道："就是这了！草太高，大家伙撸起袖子加油干！"钟敬英身先士卒，服务队队员们一听招呼，接二连三拥入了杂草丛。5月里，太阳光带着一种干燥的质感，虽然不毒辣，但是晒得人嗓子发干。钟敬英和服务队队员一边拔草，一边培苗，汗珠砸在了土里，泥土吸进了鼻子，草茬儿划破了脚踝，钟敬英想起了儿时父亲对自己的告诫："别踩垄

⊙ 2020年5月，钟敬英（二排左三）组织公司员工到包保贫困村柳河县凉水河子镇腰站村帮助当地村民春耕

台。"她下意识往脚下一看，自己两脚都陷在草茬儿里。今天来做志愿服务，儿子虹伯也来了。儿子说要跟着服务队参加春耕，她大力支持，在来的路上却又担心儿子坚持不住。但是一整个上午，儿子一句累也没喊。她一回头，虹伯刚拔了一把草，正抬起头，对着她憨憨地笑。钟敬英回以微笑，遥遥地向儿子喊道："虹伯，别踩垄台！"钟敬英在黄芪地边准备了水和面包，谁要是渴了、饿了就在地头对付吃一口。日头西斜，天色渐黑，一天过去，服务队队员们累得站都站不住。回程的路上，车厢里只有此起彼伏的鼾声。钟敬英想到自己小时候在地里干活儿，一天干下来回家就能睡个舒服的好觉。这回却不行，公司里一个长期合作商的货还亟待处理，她马不停蹄要赶往下一个地点。

从2018年到2023年，钟敬英探访了柳河县凉水河子镇腰站村、安口镇长安村、通化县三棵榆树镇鞭杆沟村、东昌区金厂镇金厂村等50余个乡镇村屯。她的脚步遍布通化的沟沟岔岔，时时在奔赴，时时在路上。多年前她的父母从山东奔赴边疆，怀揣建设祖国的使命与理想，而今钟敬英接过了接力棒。行走在这片土地上，她的掌纹汇成了家乡的河流，手上的老茧连接家乡的山川，心中是建设与贡献，一如入党宣誓时庄严。2023年，钟敬英已经60岁，盛年不再，病痛时时。有人劝钟敬英，都这么大岁数了，成天在泥地里打滚，图什么？图什么呢？这是设问，钟敬英的心中已有答案。

⊙ 2020年2月15日，疫情防控期间钟敬英（中间）慰问社区值守点

智勇双全战疫情

2020年年初，新冠疫情突发。钟敬英经营的正尚丰是一家食品贸易公司，直接关系老百姓一日三餐。在疫情面前，公司要在运输条件不便的情况下，提高运转速度，保持平稳运行。食品行业稳稳的，"吃的"稳稳的，老百姓的心才能稳稳的。

从正月初五开始，正尚丰要求全员上岗，做好疫情防控期间的保供。自此，正尚丰库房的门就没关上过，入库出库，车来车往，昼夜轮转，白昼和黑夜模糊了界线。

2020年2月15日，通化市普降大雪。大片的雪花飘飘悠悠，疫情逢急雪，无花只有寒。钟敬英带着公司的志愿服务队和爱心物资冒雪走在路上。寒风夹着大雪，刺得钟敬英难以睁开眼睛，口罩里一层厚厚的水汽，棉鞋早就湿透了。这是钟敬英走访慰问的第16个值守点，她把物资交到值守点工作人员的手上，心里是对防疫工作人员的感激与敬佩。"看到大家顶风冒雪这么辛苦，我们也把公司的家底儿都翻出来了！"风雪中，钟敬英和值守点工作人员相对而立，当奉献者与奉献者相遇，就如心中藏明镜，照出的全是对方的奉献。值守点的一名工作人员将钟敬英的行动看在眼里，在朋友圈题诗："正气稳如钟，尚德人人敬。丰姿逸女英，好人在躬行。大疫行善举，温情暖人心。"

2020年疫情防控期间，作为通化市民生商品的主要供应商之一，正尚丰食品商业贸易有限公司累计向市政府、市区各部门、医院、环卫、超市、市区的窗口单位、7个街道30多个社区值守点，向金厂镇、江东乡、环通乡、保安村、西昌村、腰站村等近百个单位部门和村镇捐赠物资累计价值170多万元。

时间在继续，抗疫不停步。2021年腊月二十九，钟敬英接到政府急单，要求配送近1000吨物资到方舱医院隔离点，让留守在方舱医院的医患都能安心过个好年。时间紧，任务重。政府领导在电话里对钟敬英说："钟经理，只有正尚丰能高质量地完成任务，你们的执行力就是物资按时送到的保障。"有朋友劝钟敬英："还有一天就过年了，这也不是你代理的货，又是送到方舱，还是别接了。"钟敬英很执拗，一锤定音接了单子。腊月二十九，还有一天就是年，钟敬英紧急调动各个产品的供应商，靠着信誉和执着，软硬兼施，才把货物安排到位。回到家里又连夜和女儿明明安排运输车路线，车走哪条路，大车小车每车装多少份，这都是她们要考虑到的问题。实际运输时，如果出现运输车供应不上的情况，必然大大拉低运输效率。明明拿着笔边算边记，看着女儿眼下的乌青，钟敬英说不心疼是假的。爱人尚景林在家操持家务，一日三餐，衣食起居，她处处帮不上忙。天天奔走在保供一线，回到家，得到的多是丈夫的支持与安慰。临近过年，家里没什么年节的气氛，想到这儿，又想到方舱医院里等待过年的医护人员，他们在医院从年头忙到年尾，一年到头又错过了多少佳节？今年这个春节一定要让他们过好。母女俩又忙到半夜，线路终于排好了，只等明天直接装车送货。

万事俱备，只差发车。然而货出了一半，中途还是出了差错，供货商那边的司机给钟敬英打电话，语气不善："俺不知道是上这（方舱医院）的，要知道是上这儿的，俺们员工谁也不去，俺家人可没有你这种境界，这钱我不挣了。"钟敬英的火气一下就上来了，她能理解司机的顾虑，也明白送货到医院风险大，但是如果没人保护这些负重者，又怎么能心安理得过平安的日子？钟敬英与电话里商量："现在是家乡出了问题，没有家乡人的支持咱们企业也做不成这样。不说企业，就说你，你有没有点儿担当？你实在不去就给我拉回来，我去。"几句话说完，电话那边嗫嚅半天："行，就这一车，说啥也是这一车了。"问题解决，这近1000件爱心礼包终于在年三十中午12点前到达了方舱医院。

这次运输中的小插曲只是钟敬英保供过程中最微不足道的一件小事。在实际保供具体操作时，运输上经常会出现供应不及时、临时调货、供不应求的状况。每次遇到问题，钟敬英在积极处理的同时还会把问题出现的原因和解决方法存档记牢，一步步完善运输方案，形成意见，提交上级。

2021年，钟敬英为市委、区委提出了许多商品落地、运输、进入商超等各个环节的合理化建议。面对生活必需品紧张、成本上涨的情况，提出了"保证货源充足、保证及时入店、保证绝不涨价"的"三保证"原则。正尚丰严格把控产品入库、出库、配送等各个环节，按时为大小商超配送物资。响应市、区两级的供应号召，完成了为182家粮油店、243家小卖店配送米面粮油的保供任务，承诺"先欠账后结款，卖不了可退货"，做到了让居民不出小区就能采购生活物资。

2022年11月29日，这一天钟敬英没有在户外奔走，而是难得地在厂里负责统筹配货。钟敬英办公桌的背面是一面"拥挤"的墙壁，上面挂着醒目的党旗，大面积的标语贴满了整面墙。还有一个月就是2023年的元旦，钟敬英还在参与保供事宜。钟敬英的办公室在二楼，一楼工厂则是保供物资中转点，人多事多。楼下的人声、车声时时传到楼上，嘈杂却让人心安。吵闹说明物资正在周转活动，老百姓的生活有保障。临近年节，她已经在公司住了好几天，除了她，公司里还住着一些员工，他们分成两部分，一部分人住办公室负责统筹调度，一部分人直接住在仓库，便于随时配货。11月正值冬季，鹅毛大雪厚厚地在地面铺了一层。钟敬英担心员工，昨天也下雪，而且白天下的是雨，员工们穿的棉袄棉鞋已经湿得透透的。雨雪同下，非常阴冷。那天她没坐在办公室，而是奔走在雨雪中，这样顶风冒雪到处走，总让人忘记她已经是60岁的人了。

如今，她是通化市正尚丰商贸有限公司党支部书记、董事长，通化市和东昌区两级人大常委、通化市政协常委、通化市驻村书记第一书记协会名誉会长、通化市劳模协会副会长兼劳模精神传承和社会实践委员会主任、通化市志愿者协会副会长、通化市工商联副主席，先后荣获"中国好人"、全国五一巾帼标兵、全国三八红旗手、全国创业之星、全国学雷锋志愿服务"四个100"先进典型、全国五好家庭、全国劳动模范、全国道德模范提名奖等荣誉。

然而成绩斐然，难全描其人，只能勾勒轮廓，见其大略形象。

钟敬英究竟是一个怎样的人？她是一个充满烟火气的人，一个普通老百姓，一位民营企业家，一名党员，一名人大代表，一个热爱人民、热爱祖国、热爱事业的"真人"。

⊙ 2020年11月24日，钟敬英获"全国劳动模范"荣誉，于北京人民大会堂前留影